CITY-FALTPLAN

:8000 | 1 : 15.000

City|Trip

Kopenhagen

REISE KNOW-HOW

Liste der Karteneinträge

Die Zahlen hinter dem Eintrag verweisen auf die Seite mit der Beschreibung im Buch.

Nordische Radmetropole mit Wohlfühlgarantie

Ob vormalige Wikingerriten, die älteste Nationalflagge der Welt (s. S. 16) oder Schloss Kronborg als Schauplatz von Shakespeares „Hamlet“ – die Dänen blicken stolz auf eine lange und bewegte Historie zurück. Trotz ihres tief verwurzelten Geschichtsbewusstseins verharren die Nordländer nicht in der Vergangenheit, sondern nutzen ihre Traditionen als Sprungbrett, um Neues zu entdecken oder Altes neu zu interpretieren.

Diese Zukunftszugewandheit ist in der Hauptstadt Dänemarks praktisch überall spürbar. Mutige, teilweise avantgardistische Architektur, die nie die alltägliche Funktionalität aus den Augen verliert – wie zum Beispiel der CopenHill (s. S. 45) –, weist den Weg in das 21. Jahrhundert. Damit einher geht auch eine nachhaltige Kultur- und Gesellschaftsförderung, die sich in modernen Stadtentwicklungsprojekten wie der Halbinsel Refshaleøen 27 widerspiegelt. Aber keine Angst: Die historisch gewachsenen Stadtbilder und Ensembles müssen der Moderne nicht weichen, sondern sorgen für einen spannenden Mix der Epochen.

Die Erkundung der Stadt fällt dank der ausgezeichneten Verkehrsinfrastruktur ausgesprochen leicht. Ganz gleich, ob man auf die vorbildliche Metro oder die praktischen Wasserbusse (beide s. S. 128) zurückgreift: In Kopenhagen kommt man immer flott von A nach B. Und sollte die Orientierung einmal nicht auf Anhieb gelingen, kann man sich vertrauensvoll an die weltoffenen Hauptstadtbewohner wenden. Die Kopenhagener sind in der Regel sehr nahbar und freundlich. Mit deren Unterstützung (und hoffentlich mithilfe dieses Buches) kann bei der Stadterkundung eigentlich nichts schiefgehen. Viel Spaß und auf gehts!

Der Autor

Schon in seinen Kindertagen reiste **Lars Dörenmeier** alljährlich mit seinen Eltern nach Dänemark, gewann dänische Freunde beim Angeln und Fußballspielen und lernte Dänisch. Studentenjobs auf dänischen Ostseefähren und unzählige Besuche in Kopenhagen folgten. Noch heute ist er zwei bis drei Mal pro Jahr in der dänischen Kapitale und erkundet dabei auch die abgelegenen Ecken der Stadt. Wenn er mal nicht vor Ort ist, halten ihn seine dänischen Freunde über die neuesten Entwicklungen auf dem Laufenden. Als freier Journalist, Fotograf und Reiseleiter bereist er neben dem Norden und Westen Europas auch den asiatischen Kontinent, wobei der Schwerpunkt seiner dortigen Reisen auf Südost- und Ostasien liegt. Der gebürtige Ostwestfale lebt heute in Berlin.

090kn Abb.: Suza Heitmann

Inhalt

(Fast) Immer ernst: die royalen Wachen (047kn Abb.: ld)

Cleveres Nummernsystem
Die Sehenswürdigkeiten sind im Text und im Kartenmaterial mit derselben **magentafarbenen ovalen Nummer** ❶ markiert. Alle anderen Lokalitäten wie Geschäfte, Restaurants usw. tragen ein **Symbol und eine fortlaufende rote Nummer** (1). Die Liste aller Orte und die Zeichenerklärung befinden sich im Anhang.

Bewertung der Sehenswürdigkeiten
★★★ nicht verpassen
★★ besonders sehenswert
★ wichtig für speziell interessierte Besucher

Planquadrat im Kartenmaterial
[A1] Orte ohne diese Angabe liegen außerhalb unserer Karten. Alle Ortsmarken werden in der buchbegleitenden Web-App angezeigt (s. S. 143).

Alle weiteren Benutzungshinweise s. S. 144.

NICHT VERPASSEN!

1 Tivoli [A6]
Einer der berühmtesten Vergnügungsparks der Welt bietet historische Karussells und modernste Fahrgeschäfte, klassische Musik und wilde Rockkonzerte sowie eine wunderschöne abendliche Illumination – mitten im Zentrum (s. S. 14)!

4 Strøget [B5]
Die durchgehende Fußgängerzone, die Stadtflanierer ganz ohne Autoverkehr erkunden können, lockt alltäglich Einheimische und Touristen zum Einkaufen, Kaffeetrinken – oder einfach nur zum Gucken (s. S. 18).

9 Thorvaldsens Museum [C5]
Nur wenige Museen weltweit können mit einer solchen Symbiose von Bauwerk und Exponaten aufwarten. Selbst Kunstmuffel verlassen das Skulpturenmuseum beeindruckt (s. S. 22).

10 Schloss Christiansborg [C5]
Die Heimstätte der dänischen Demokratie sowie die ebenfalls auf der Insel Slotsholmen befindlichen Bauwerke und Museen bilden ein großartiges Gesamtkunstwerk (s. S. 24).

14 Nyhavn [D4]
Die meistfotografierte maritime Sackgasse der Welt ist eine Zeitmaschine der besonders schönen Art: Historische Fassaden an Land und alte Windjammer im Wasser bilden ein beeindruckendes Ensemble, abgerundet durch die vielfältige Gastronomie am sonnigen Nordufer (s. S. 31).

23 Islands Brygge [fn]
Historische Industriekultur trifft auf Glanzstücke moderner Architektur: Rund um den Kai gibt es einiges zu bestaunen (s. S. 42).

28 Amager Strand
Rio hat die Copacabana, Kopenhagen den Amager Strand! Auf 4,6 km Sandstrand findet jeder sein Plätzchen zum Sonnen und Entspannen – mit Blick auf die riesige Öresundbrücke (s. S. 52).

KOPENHAGEN ENTDECKEN

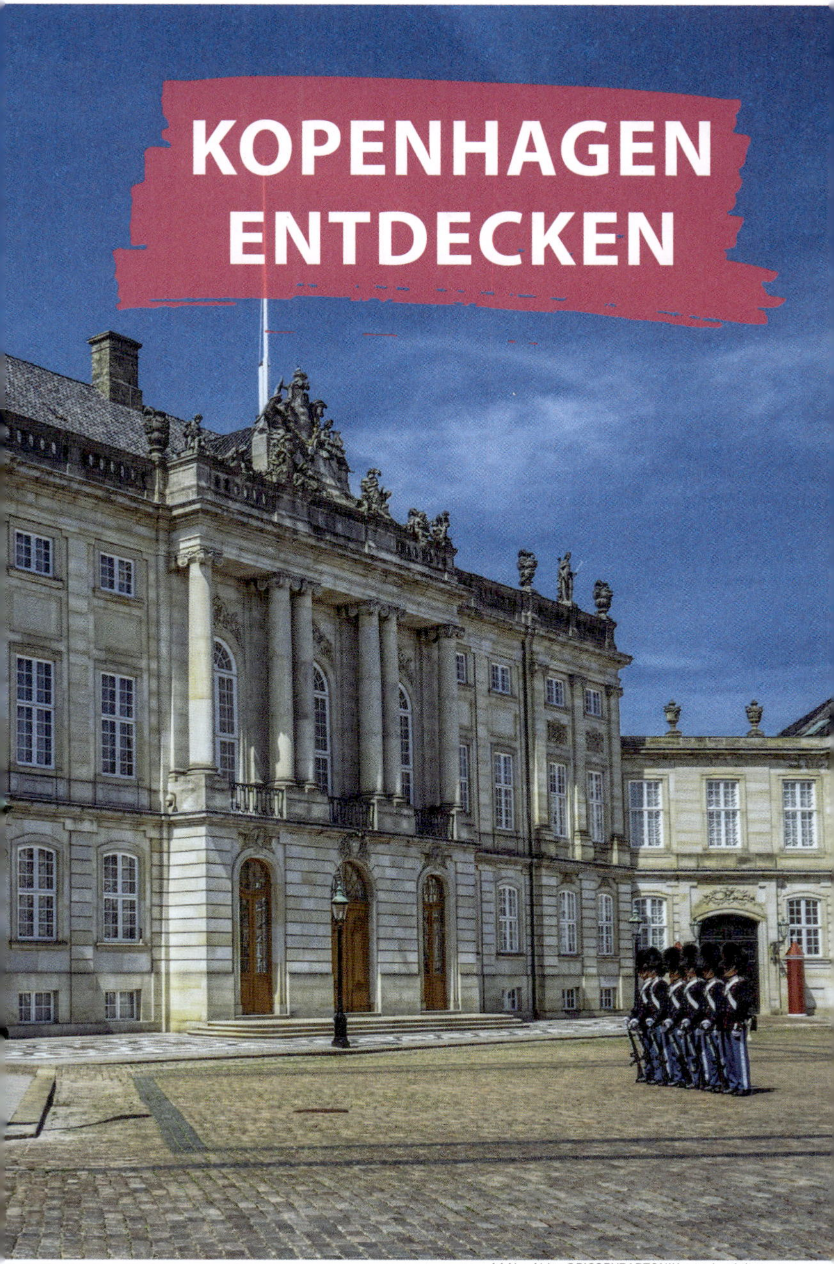

111kn Abb.: ©PICSBYBARTONIK, stock.adobe.com

Willkommen in Kopenhagen

Der Stadtkern Kopenhagens ist hervorragend für eine Erkundung zu Fuß geeignet. Die vorbildlichen öffentlichen Verkehrsmittel machen aber auch die Erkundung angrenzender Quartiere zu einem angenehmen und leicht zu organisierenden Vergnügen.

Kaum ein Besucher der dänischen Hauptstadt wird sich das **historische Stadtzentrum** zwischen **Rathausplatz** 3 und **Kongens Nytorv** 12 /**Nyhavn** 14 entgehen lassen. Die breite Fußgängerzone **Strøget** 4 verbindet diese Eckpunkte des urbanen Treibens und die **Insel Slotsholmen** kann mit **Schloss Christiansborg** 10, dem Parlamentssitz, und einer Handvoll spannender **Museen** punkten. Der Flaneur sollte seine Schritte aber auch einmal in die engen Seitenstraßen der Einkaufsmeile Strøget lenken. Die Belohnung sind tolle Stadtansichten, spezielle Boutiquen und Geschäfte sowie spannende Cafés und Mini-Restaurants.

Die Metrostation **Christianshavn** ist ein hervorragender Startpunkt für die Erkundung des gleichnamigen Stadtviertels (s. S. 42). Das Bild des vormals von Kaufleuten bewohnten Quartiers wurde über viele Jahre von Lagerhäusern und den riesigen, unzugänglichen Arealen, die von der Armee in Beschlag genommen worden waren, dominiert. Bis auf den nördlichen Teil der Insel – Christianshavn ist auf allen Seiten von Wasser umgeben –, der noch immer von der Marine genutzt wird, hat die Zivilgesellschaft heute das Stadtviertel übernommen. Die Lager und Schuppen wurden in Wohnhäuser und Geschäftsräume umgewandelt und in den schmalen Gassen tummeln sich die Menschen. Die **historischen Fassaden** wurden bewahrt und renoviert und bieten heute ein tolles Stadtpanorama. An fast jeder Ecke findet man in den Sommermonaten Tische und Stühle auf dem Trottoir und bei Sonnenschein ist es oft schwer, einen Platz zu finden. Wie mit einem Lineal gezogen verläuft der **Christianshavn-Kanal** mitten durch das Viertel. Der zum Warentransport angelegte Kanal bietet tolle Fotoperspektiven: Rechts und links der Fahrrinne liegen unzählige Segelboote, Wohnschiffe, hölzerne Oldtimer und kleine Paddelboote fest vertäut am Kai. Man sollte dort einfach eine der vielen Bänke in Beschlag nehmen und mit einem Eis in der Hand das bunte Treiben auf dem Wasser beobachten – unschlagbar.

Weniger bekannt und deshalb auch von Touristen kaum frequentiert ist das quirlig-bunte Stadtviertel **Nørrebro** (s. S. 54), das sich nördlich der **drei Seen** 34 erstreckt. Der vormalige Problembezirk mausert sich – besonders im Teil südlich des **Assistens Kirkegård** 36 – langsam, aber sicher zu einem spannenden Quartier, das gerade durch seine Vielfältigkeit an Popularität gewinnt. Das **multikulturelle Flair** lässt sich hervorragend an der breit gefächerten Gastronomie mit Speisen aus der großen weiten Welt festmachen. Rund um den **Sankt Hans Torv** 35 hat die Umwandlung in ein **schickes Viertel** schon stattgefunden. Auch die angrenzen-

Vorseite: Royale Heimstätte: Schloss Amalienborg 16

Mein Tipp

Meyers Bagerier

Der Namensgeber der kleinen Bäckereikette Claus Meyer ist in Dänemark eine Koch- und Backikone. Er betreibt in Kopenhagen vier Geschäfte, die seine nicht ganz preiswerten, aber dafür umso köstlicheren Brot- und Kuchenkreationen anbieten. Der perfekte Ort für eine kleine Erholungspause in der Großstadt.

› **allg. Website:** https://meyers.dk

16 [hn] **Meyers Bageri (Amager),** Amagerbrogade 48, Tel. 61999009, geöffnet: Mo.–Fr. 7–18, Sa., So. 7–16 Uhr

17 [cm] **Meyers Bageri (Frederiksberg),** Gl. Kongevej 107, Tel. 33254595, geöffnet: tägl. 7–18 Uhr

18 [cj] **Meyers Bageri (Nørrebro),** Jægersborggade 9, Tel. 25101134, geöffnet: Mo.–Fr. 7–18, Sa., So. 7–16 Uhr

19 [fi] **Meyers Bageri (Østerbro),** Classensgade 33, Tel. 22723636, geöffnet: Mo.–Fr. 7–18, Sa., So. 7–16 Uhr

den Straßen wie die Ravnsborggade, Elmegade oder die in großen Teilen autofreie Blågårdsgade befinden sich mitten im Transformationsprozess und bieten eine **lebendige Shopping- und Gastroszene.** Direkt an den drei Seen finden sich ruhige **Fuß- und Radwege,** die von einladenden Bänken gesäumt werden. Kleine gastronomische Freiluftangebote, die einen unverstellten Blick über die Seen auf das Herz der Stadt garantieren, runden einen spannenden Stadtspaziergang ab.

› *Kühn ragt die Erlöserkirche* 24 *in den Himmel von Christianshavn*

Kurztrip nach Kopenhagen

Auch wenn Kopenhagen die mit Abstand größte Stadt des dänischen Königreiches ist, so kann man das Zentrum der Kapitale einfach zu Fuß entdecken. Innerhalb von zwei oder drei Tagen ist es problemlos möglich – bei Bedarf auch mithilfe der gelben Stadtbusse oder der topmodernen Metro (s. S. 128) – die Hauptstadt der Dänen kennenzulernen.

1. Tag: Die historische Handels- und Hafenstadt

Um sich einen ersten Eindruck und Überblick zu verschaffen, empfiehlt es sich, dem **Stadtspaziergang** (s. S. 12) zu folgen, der viele Facetten des Großstadtlebens, der Geschichte, aber auch der Kunst und Kultur der Gegenwart beleuchtet.

Kopenhagen ist eine imposante Hafenstadt. Was läge da näher, als anschließend die Metropole vom Wasser aus zu erkunden: die einstündigen Hafenrundfahrten mit den flunderflachen Ausflugsbooten von **Canal Tours Kopenhagen** oder den **Netto-Booten** (s. S. 125) erfreuen Erwachsene ebenso wie kleine Touristen.

Abendliche Zerstreuung und eine kulinarische Stärkung erhält man im **Vergnügungspark Tivoli** 1: Die fast 50 gastronomische Angebote von Sushi bis Pfannkuchen und von Hamburger bis Steakhouse befriedigen wirklich jeden Geschmack.

2. Tag: Die Hafenstadt Kopenhagen

Vormittags

Das **Kastell** 21 stellt den ältesten, fast noch komplett erhaltenen Teil der Kopenhagener Stadtbefestigung dar. Innerhalb des Wassergrabens und hinter den Erdwällen hat noch heute die dänische Armee das Kommando, aber inzwischen dürfen Fußgänger und Radfahrer die historischen Kasernen besichtigen und das Areal betreten bzw. befahren. Unweit des Kastells, an der Langelinie, hockt seit über 110 Jahren die berühmteste Dänin aller Zeiten. Die **Kleine Meerjungfrau** 22 sitzt – den Touristenströmen aus aller Welt sei Dank – gar nicht verlassen auf ihrem Felsen im Kopenhagener Hafenwasser. Am Pier Nordre Toldbod, ca. 500 Meter südlich der Meerjungfrau gelegen, fahren die gelben **Wasserbusse**, ungewöhnlicher Bestandteil des regulären öffentlichen Nahverkehrs, ab. Für wenige Kronen setzt man mit ihnen

Hafen und moderne Architektur bilden eine faszinierende Einheit

006kn Abb.: mw

auf die andere Hafenseite über und kommt somit in den Genuss einer Hafenrundfahrt für kleines Geld. Der zweite Stopp des Wasserbusses lautet dann auch gleich „Operaen“. Das Gebäude der Kopenhagener **Oper** 26 mit ihrem ausladenden Dach wirkt aus der Nähe noch gigantischer.

Nachmittags

Von der Oper auf der Halbinsel Holmen aus ist es nicht weit bis zum quirligen und lebendigen Stadtteil Christianshavn. Berühmt oder berüchtigt – je nach Standpunkt – ist der alternative **Freistaat Christiania** 25. Die ehemalige (oder immer noch) Hippiekommune ist besonders bei jüngeren Besuchern populär, aber auch ältere Semester müssen sich nicht zieren. Hier ist Platz für jeden und die preiswerten Imbisse und Restaurants lohnen eine Pause.

Im Zentrum von Christianshavn funkelt es dann gülden. Die in sich verdrehte Kirchturmspitze der **Erlöserkirche** 24 ist vergoldet. Der Aufstieg, der mit einem unglaublichen Weitblick honoriert wird, ist jedoch nur etwas für Leute ohne Höhenangst.

Entlang des romantisch-illustren **Christianshavn-Kanals** kann man nun schön flanieren und diverse Einkehrmöglichkeiten, oft auch mit Tischen und Stühlen direkt am Wasser, bieten Entlastung für die Füße und einen tollen Ausblick. Rund um die südöstliche Seite von Christianshavn erstreckt sich der Stadtgraben, ehemals die Verteidigungslinie des Viertels. Heute ist er eine wasserreiche grüne Oase, die Jogger wie Spaziergänger anzieht. Direkt an der Langbro, die den Kopenhagener Hafen überspannt, schließt sich **Islands Brygge** 23 mit seiner schrägen Mischung aus alter industrieller Bausubstanz und postmodernen Architekturentwürfen an. Und wer die Badehose dabei hat, kann im Sommer sogar vom markanten rot-weißen Sprungturm des angeschlossenen Meeresschwimmbades ins Hafenwasser eintauchen.

Abends

Kulinarisch und kulturell kann man so einen ereignisreichen Tag im **ehemaligen Schlachthofviertel** (**Kødbyen**, s. S. 80) in Vesterbro hervorragend abschließen. Gute Restaurants und Bars, teilweise mit Tanzfläche, sorgen dann auch beim aktivsten Touristen für die nötige Bettschwere.

Das gibt es nur in Kopenhagen

- Die kulinarische Spezialität sind die **knallroten Hotdogs,** die es an mobilen Wurstbuden („pølsevogn“) direkt auf die Hand gibt und die aussehen, als würden sie nachts sogar leuchten (s. S. 30).
- Die laut Umfragen **populärste Königsfamilie der Welt:** Von über 90 % der Dänen geliebt, repräsentiert Frederik X. zusammen mit seiner Königin Mary seit Januar 2024 das Königreich.
- In der unterirdischen **Metro auf der Fahrerposition sitzen:** Die Züge sind fahrerlos und am Kopf der Waggons sind ganz normale Sitzbänke untergebracht (s. S. 103).
- Im **Freistaat Christiania** 25 wird seit Jahrzehnten auf offener Straße Haschisch geraucht und niemand wundert sich.
- **Tanzende Hebammen** auf dem Amagertorv 7: Zur Feier ihrer bestandenen Ausbildung tanzen die weiß bekittelten Damen (und Herren) um den Storchenbrunnen.

Stadtspaziergang

Das Herz der Stadt und Ausgangspunkt des Spaziergangs, der rund 6 km lang ist, ist der großzügige **Rathausplatz** mit dem imposanten **Rathaus** 3. Von diesem Punkt der Hauptstadt aus werden alle Distanzen in den Rest des Landes gemessen. Ob politische Kundgebungen oder sportliche Jubelfeiern – das große Areal ist die größte öffentliche Versammlungsfläche Dänemarks. Aber auch wenn nicht demonstriert oder gefeiert wird, bestimmen viele Menschen und geschäftiges Treiben das Geschehen. Wie man an den Karussells und Fahrgeschäften unschwer erkennen kann, erstreckt sich westlich des Platzes der traditionsreiche, aber immer noch moderne **Vergnügungspark Tivoli** 1. An der östlichen Seite beginnt eine der längsten Fußgängerzonen der Welt: Die **Strøget** 4 ist schon zu einem eigenen Wahrzeichen Kopenhagens geworden und kaum ein Besucher lässt sich einen Spaziergang auf „dem Strich" entgehen. Geschäft an Geschäft und Boutique an Boutique reihen sich hier auf über einem Kilometer Länge eng aneinander. Direkt daneben befinden sich an der hochfrequentierten Fußgängerzone aber auch der **Dom zu Kopenhagen** 5, die **Frauenkirche** 5, Cafés und kleine Restaurants. Für die wunderschönen Fassaden rund um den Storkespringvandet, den „Storchenspringbrunnen" am **Amagertorv** 7, sollte man die Augen einmal von den Schaufensterauslagen heben. Linker Hand zweigt hier die Købmagergade, ein weiteres Shoppingparadies, ab. Folgt man der Straße etwa fünf Minuten, erhebt sich vor einem ein rundlicher Backsteinturm, der **Runde Turm** 8. Aus über 30 Metern Höhe hat man einen einzigartigen Blick über die Dächer der Stadt. Nach dem Aufstieg, der nicht über eine Treppe, sondern einen spiralförmigen Aufgang erfolgt, braucht der Körper dringend frische Energie. Zwei Steinwürfe vom Runden Turm entfernt – man biegt von der Købmagergade in Richtung Süden gehend in die Løvstræde ab – befindet sich der **Gråbrødretorv** 6. Rund um diesen gemütlichen Platz buhlen diverse gastronomische Angebote um die Gunst der hungrigen Stadtflanierer.

Nach der Stärkung geht es Richtung Süden und nachdem man den Amagertorv 7 wieder überquert hat, erblickt man am Ende des Højbro Plads [C5] das grünliche **Bronzedenkmal des reitenden Bischofs Absalon,** dem Stadtgründer. Auf der anderen Seite des Kanals erhebt sich auf seiner eigenen Insel namens Slotsholmen das mächtige **Schloss Christiansborg** 10, der Sitz des dänischen Parlaments. Auf Slotsholmen gibt es neben dem Parlament auch eine Vielzahl an attraktiven Besichtigungsmöglichkeiten. Ob man das **Thorvaldsens Museum** 9 (Skulpturenkunst), das **Jüdische Museum** (s. S. 64), das **Dänische Kriegsmuseum** (s. S. 62) mit Exponaten aus 500 Jahren dänischer Militärgeschichte oder den modernen Neubau **Den Sorte Diamant (Schwarzer Diamant)** 11 der Königlichen Bibliothek besichtigen möchte, muss man je nach Interessenslage entscheiden. Über die Børsbroen verlässt man die Insel Slotsholmen anschließend wieder und biegt rechts in die Havngade ab.

Folgt man anschließend 10 bis 15 Minuten der Uferpromenade Richtung Norden, wird man an der Ecke Havnegade/Nyhavn mit einer der berühmtesten Ansichten Kopenhagens belohnt: dem Stichkanal **Nyhavn** 14 mit seinen historischen Schiffen und Booten, die dort fest am Kai vertäut sind. Man flaniert den Kanal an der südlichen Seite entlang und erreicht an seinem Ende mit dem **Kongens Nytorv** ⑫ das nächste Highlight. Der von historischen Häusern gesäumte Platz bietet nicht nur für Architekturfans das volle Programm, auch unterirdisch ist hier einiges los: Eine der größten Metrostationen der Stadt garantiert eine vorbildliche Anbindung an den öffentlichen Nahverkehr, da sie einen von nur zwei Umsteigepunkten zwischen den Metrolinien M1/M2 und dem **Cityringen** (M3) darstellt (s. S. 103). Am Ende des Kanals legen auch die flachen Boote für die **Hafenrundfahrt** (s. S. 124) ab – eine erstklassige Möglichkeit, um die Stadt vom Wasser aus zu erkunden. An der nördlichen Seite von Nyhavn, der Sonnenseite, wartet eine kaum zu widerstehende Verlockung in Form von Cafés und Restaurants und im Sommer tobt hier das Leben.

Das nordöstliche Ende Nyhavns prägt ein spannendes Bauwerk. Das **Schauspielhaus** ⑮, das man als Fußgänger sehr schön auf einem breiten Holzsteg umwandern kann, ist ein weiterer Meilenstein auf dem Weg zur kulturellen Metropole Kopenhagen. Wenige Meter weiter den Kai entlang

Routenverlauf im Stadtplan
Der hier beschriebene Spaziergang ist mit einer farbigen Linie im Stadtplan eingezeichnet.

stößt man auf das für Touristen wie auch für dänische Royalisten wohl bedeutendste Architekturensemble. Etwas vom Hafen zurückversetzt öffnet sich ein weiter, mit Kopfsteinpflaster versehener Platz: der Schlossplatz von **Amalienborg** ⑯, dem offiziellen Sitz von König Frederik X., der rund um die Uhr von den festlich uniformierten Soldaten der Königlichen Wache beschützt wird. In der Verlängerung der Hafen-Schloss-Achse erhebt sich mit der **Marmorkirche** ⑰ der größte Sakralbau der Stadt. Folgt man der Bredgade Richtung Süden, erreicht man nach wenigen Minuten Fußweg wieder den Kongens Nytorv mit Bänken zum Ausruhen und der unterirdischen Metrostation als Anbindung an den öffentlichen Nahverkehr.

Maritime Architektur-Harmonie: historische Hausboote und moderne Wohnkomplexe im Hafenareal

070kn Abb.: ld

Indre By: Tivoli bis Kongens Nytorv

Das Stadtzentrum Kopenhagens ist übersichtlich und die klassischen Sehenswürdigkeiten in der „Indre By" sind gut zu Fuß zu erkunden. Da sich gastronomische Angebote und Einkaufsmöglichkeiten im zentralen Innenstadtbereich ebenfalls ballen, kann der Besucher gleich mehrere Fliegen mit einer Klappe schlagen.

1 Tivoli ★★★ [A6]

Tanztheater, Achterbahn, Rockkonzerte, Kindereisenbahn, Ballett oder Karussells für die ganz Mutigen: Der Vergnügungspark Tivoli ist die vermutlich bekannteste Institution der Stadt und wird alljährlich von über vier Millionen Besuchern frequentiert.

Um von Christian VIII. die Erlaubnis zu erhalten, mitten in der Hauptstadt einen **Vergnügungspark** zu eröffnen, musste **Georg Carstensen** tief in die Trickkiste greifen: „Wenn das Volk sich amüsiert, dann politisiert es nicht", war sein Slogan, der beim dänischen König auf fruchtbaren Boden fiel. So öffneten sich im August 1843 erstmalig die Tore von **Kjøbenhavns Tivoli og Vauxhall** und die Hauptstädter strömten in Massen auf das Amüsierareal. Carstensen war ein weitgereister Offizier, der in Frankreich und England ähnliche Parks besucht hatte und nicht nur die Idee, sondern auch gleich die Namen „Tivoli" (Paris) und „Vauxhall" (London) kopierte.

Der Vergnügungspark entwickelte sich in den folgenden Jahrzehnten immer weiter. Neben **gastronomischen, kulturellen und musikalischen Attraktionen** kam auch eine immer größere Zahl an **Fahrgastgeschäften** hinzu und auf den **Bühnen** gaben und geben sich nationale und internationale Showgrößen die Klinke in die Hand. Auf den **künstlichen Seen** fahren kleine Bötchen, in der „Rutschebanen", einer Achterbahn von 1914, kreischen die Passagiere und die einarmigen Banditen in den Spielhallen werden gerne von frisch ondulierten älteren Damen mit der Tivoli-Jahreskarte gefüttert. Und vom 80 m hohen Kettenkarussell kann man nach Einbruch der Dunkelheit die 115.000 Glühbirnen funkeln sehen, die die Wege und Fahrgeschäfte des Parks illuminieren. Für die ganz Mutigen über 1,40 m Körperlänge – das ist meist die minimale Fahrgastgröße – gibt es diverse **spektakuläre Attraktionen** wie „Den gyldne Tårn" (Goldener Turm), bei dem man aus 60 m Höhe in die Tiefe stürzt und erst kurz vor dem Aufschlag abgefangen wird. Auch die Achterbahn „Dæmonen" mit ihren drei Loopings bringt den Pulsschlag zum Rasen.

In den letzten Jahren gab es in Kopenhagen eine lautstarke **Diskussion zwischen Modernisierern und Traditionalisten.** Während die eine Seite mit neuen Shoppingcentern und Tophotels die Weiterentwicklung des Tivolis garantiert sieht, fordern „Tivolis venner" (Freunde des Tivolis) eine Rückbesinnung auf das klassische Konzept und damit die Bewahrung des „Pantheons der dänischen Kultur". Das Ende dieser Auseinandersetzung ist noch nicht in Sicht, aber die Traditionalisten scheinen derzeit die Nase vorn zu haben.

› Vesterbrogade 3, S-Bahn: København H bzw. Metro: København H oder Rådhuspladsen, Tel. 33151001, www.tivoli.dk, geöffnet: Ende März–Ende Sept. So.–Do. 11–23 Uhr, Fr., Sa. 11–24 Uhr, zusätzlich geöffnet in der zweiten Okto-

092kn Abb.: ld

berhälfte (Halloween) und Mitte Nov. bis Anf. Januar (Weihnachtszeit), Eintritt: 155 kr, Kinder von 3 bis 7 Jahren 70 kr, Turpassbillet (inkludiert die unbegrenzte Nutzung alle Fahrgeschäfte) zusätzlich 259 kr

2 Ny Carlsberg Glyptotek ★★★ [B6]

Während man in Deutschland durch Bierkonsum Regenwald retten kann, trinken die Dänen den Gerstensaft aus kunsthistorischem Mäzenatentum: Von dem Verkaufserlös jedes Carlsberg-Produkts wird ein kleiner Anteil der Carlsberg-Stiftung zugeführt und kommt damit auch der Glyptotek zugute.

Wie aus dem Namen unschwer ersichtlich, steht die mächtige **Carlsberg-Brauerei** hinter diesem einmaligen Museum. Als die private **Kunstsammlung Carl Jacobsens** Ende des 19. Jahrhunderts aus den Nähten zu platzen drohte, wurde mit der Eröffnung des Museums – namensgebend war dabei übrigens die Münchner Glyptotek von Ludwig I. – dieser Notstand auf sehr ansprechende Art beseitigt. In der Folgezeit erfuhr das Gebäude diverse bauliche Erweiterungen.

Der Schwerpunkt der Sammlung, die inzwischen auf über 10.000 Exponate angewachsen ist, liegt dabei auf **antiken Skulpturen** aus dem Mittelmeerraum, **französischen Impressionisten** wie Degas, Monet oder Renoir und dem **Goldenen Zeitalter Dänemarks** in der ersten Hälfte des 19. Jahrhunderts.

⌃ *Kunstgenuss und saftiges Grün in der Ny Carlsberg Glyptotek*

Vor, nach oder während des Glyptotekbesuchs sollte man auf keinen Fall das **Museumscafé** verpassen: In einem wunderschönen Wintergarten gelegen werden dem Kunstinteressierten hier Köstlichkeiten und Getränke offeriert. Und für Erinnerungsstücke oder Mitbringsel steht der Museumsshop bereit.

› **Ny Carlsberg Glyptotek,** Dantes Plads 7, Metro: Rådhuspladsen, Buslinien 2A, 11, 31 und 37, Haltestelle: Glyptoteket, www.glyptoteket.dk, Tel. 33418141, Eintritt: Erwachsene 125 kr, unter 27 Jahren 95 kr, unter 18 Jahren frei, letzter Mittwoch im Monat freier Eintritt, geöffnet: Di.–So. 10–17 (donnerstags bis 21 Uhr)

Rathaus und Rathausplatz bilden das Herz Kopenhagens

3 Rathaus und Rathausplatz ★★ [A5]

Samstag, 27. Juni 1992: Auf dem engen Rathausbalkon in Kopenhagen drängen sich zwei Dutzend jubelnder Männer. Auf dem Rathausplatz vor dem Balkon hat sich eine euphorische, rot-weiße Menschenmenge versammelt und zelebriert einen der größten Tage der dänischen Sportgeschichte: Das kleine Dänemark hatte am Tag zuvor bei der Fußball-EM in Schweden den großen Favoriten und Nachbarn Deutschland im Finale 2:0 geschlagen und war nun erstmalig Europameister!

Das Kopenhagener Rathaus und der weite Rathausplatz stellen diesbezüglich die erste und größte **Bühne** des Landes dar. Außer bei sportlichen Erfolgen und nationalen Triumphen kommen die Hauptstädter aber auch vor dem Rathaus zusammen, wenn sie mit gesellschaftlichen oder politischen Entwicklungen im Lan-

Dannebrog – die älteste Nationalflagge der Welt

Die patriotische Gesellschaft **Danmarks Samfundet** empfiehlt: „Wurde ein Dannebrog so lange genutzt, dass er nicht mehr vorzeigbar ist, sollte man dafür sorgen, dass er vernichtet wird, damit er nicht z. B. als Putzlappen endet oder auf einer Mülldeponie herumgeweht wird." Als beste Beseitigungsmethode wird anschließend das Verbrennen nahegelegt! In dem 68-seitigen Büchlein **„Anweisungen zum korrekten Gebrauch des Dannebrog"** der gleichen Gesellschaft wird der Einsatz der dänischen Nationalflagge haarklein beschrieben. **Den Dänen ist ihre Nationalflagge mehr als heilig.** Und das seit ca. 700 Jahren!

Der **Legende** nach fiel die Flagge am 15. Juni 1219 vom Himmel. Unter der Führung des dänischen Königs Waldemar II., dem später der Beiname „Sieger" verliehen wurde, war ein Kreuzzug ins heutige Estland initiiert worden. Als es ganz nach einer Niederlage der christlichen Verbände im Kampf gegen die Heiden aussah, fiel eine rote Fahne mit weißem Kreuz vom Himmel und rettete den Dänen den Sieg.

So viel zur mythologischen Entstehungsgeschichte – dokumentarisch belegt wurde die dänische Flagge erstmalig in einem **niederländischen Wappenbuch aus dem Jahr 1380.** Anfangs stellte sie das Herrschaftssymbol der

de unzufrieden sind und rollen ihre **Demonstrationsbanner** aus.

Als Paradebeispiel der **Nationalromantik** erschuf **Martin Nyrop** zwischen 1892 und 1905 das Gebäude, welches das insgesamt sechste Rathaus der Stadt wurde – die ersten vier waren jeweils Feuersbrünsten zum Opfer gefallen und das fünfte, am Nytorv gelegen, beherbergt heute das Kopenhagener Stadtgericht. Über dem berühmtesten Balkon des Landes er-

dänischen Monarchen dar und wurde spätestens 1854 zur Flagge aller Dänen: Das Verbot des Hissens des Dannebrog für einfache Bürger wurde zu diesem Zeitpunkt aufgehoben.

Neben der klassischen Nationalflagge existieren bei unseren nördlichen Nachbarn noch diverse **Sonderflaggen.** Die Spitzflagge ist dem königlichen Hof, staatlichen Institutionen und dem Militär vorbehalten. Die Marine flaggt mit einer besonderen Spitzflagge, der Orlogsflag, die in einem dunkleren Rotton gehalten ist.

Auch im **Alltag** spielt der Dannebrog eine große Rolle. Man wird kaum 100 m durch Kopenhagen gehen können, ohne dass einem mindestens eine Fahne auffällt. Viele dänische Eigenheimbesitzer haben wie selbstverständlich einen Flaggenmast im Vorgarten, an dem zu besonderen staatlichen Feiertagen, aber auch privaten Geburtstagen das „dänische Tuch", so die wörtliche Bedeutung von Dannebrog, gehisst wird.

Im Alltag weht der kleine Dannebrogwimpel am Mast, der abends auch nicht eingeholt werden muss. Reguläre Fahnen hingegen müssen nächtens eingeholt werden, da sonst der Teufel gegrüßt wird. Fast eine Wissenschaft für sich, die Handhabung der dänischen Flagge.

hebt sich eine **goldene Statue des Bischofs Absalon**, dem Stadtgründer. Mit 105 m Höhe überragt der **Turm** fast alle anderen Gebäude der Stadt und sein **Glockenspiel** erklingt bis heute noch als Erkennungssignal der öffentlich-rechtlichen 12-Uhr-Nachrichten und wird auch an Silvester um 24 Uhr landesweit ausgestrahlt.

Das **Betreten des Rathauses** ist jedermann gestattet, ohne Führung möglich und auch kostenfrei. Ganz nach dem Gründermotto „Das Rathaus ist das Schloss der Bürger" können hier auch von einfachen Bürgern Räumlichkeiten für kulturelle oder politische Veranstaltungen gemietet werden. Sehenswürdigkeiten im Rathaus sind die **Weltuhr von Jens Olsen**, die angeblich genauste mechanische Uhr der Welt mit einer Abweichung von 0,4 Sekunden in 300 Jahren, der **Bürgersaal**, in dem der Stadtrat tagt, oder der **Festsaal** mit der Sitzgelegenheit für den König bzw. die Königin, die sich jedoch nicht (!) von den Stühlen der gemeinen Bürger unterscheidet – hier bestimmen die Stadtbewohner selbst und die Privilegien des obersten Blaublüters sind aufgehoben. Lohnenswert, wenn auch schweißtreibend, ist ein Besuch **des Rathausturmes:** Wer die 300 Stufen erklommen hat, wird mit einem einmaligen Ausblick auf die Stadt belohnt.

Der Rathausplatz hat eine eigene Metro-Haltestelle gleichen Namens, die mit reflektierenden, dunklen Glasplatten die moderne Stadtarchitektur des 21. Jahrhunderts repräsentiert.

› **Rådhus,** Rådhuspladsen 1, Metro: Rådhuspladsen, Tel. 33662586, www.kk.dk/brug-byen/raadhuset/rundvisninger-paa-raadhuset, geöffnet: Mo.–Fr. 9–16, Sa. 9.30–13 Uhr, Eintritt: kostenlos (Infos zur Besichtigung auf eigene Faust in der Rådhusoplysningen direkt nach dem Haupteingang), **Rathausführungen** auf Englisch Mo.–Fr. 13 Uhr, Sa. 10 Uhr (70 kr), Besichtigung der Weltuhr gratis. Über **Turmführungen** (zuletzt 50 kr) bitte vorab informieren, bei Redaktionsschluss war der **Turm wegen Renovierung geschlossen.**

4 Strøget ★★★ [B5]

Die Einrichtung einer Fußgängerzone begann 1962 nur als Experiment, doch nach zwei Jahren befanden die Entscheider: Es lohnt sich, das setzen wir fort. Aus den viel befahrenen Straßen Frederiksberggade, Nygade, Vimmelskaftet und Østergade sowie den Plätzen Kongens Nytorv, Gammeltorv und Amagertorv wurde damit die erste Fußgängerzone Dänemarks oder wie sie im Volksmund genannt wird: „Strøget" – „der Strich".

Die **Altstadt Kopenhagens** war schon seit Jahrhunderten das **kommerzielle Zentrum** der umtriebigen Kaufmannsstadt. Hier siedelten sich Händler und Kaufleute an, Waren wurden ausgetauscht und der Einzelhandel gewann mehr und mehr an Boden. Doch mit einem entspannten Einkaufsbummel war es nicht weit her. Kutschen und später Autos fuhren hier wild durcheinander und als Fußgänger musste man immer auf der Hut vor diesen Gefährten sein. Für Sitzmöglichkeiten oder etwa Straßencafés gab es schlichtweg keinen Platz. Erst mit der **Verbannung des Automobils** aus diesem Areal begann der wirklich steile Aufstieg.

Von anfangs ca. 16.000 m² wurde die autofreie Fläche auf heute über 100.000 m² erweitert. Heute ist die **Strøget**, „der Strich", mit einer Länge von 1,1 km eine der längsten Fußgängerzonen Europas und bei Einheimischen wie auch Touristen gleichermaßen sehr beliebt. In den Sommermonaten flanieren täglich bis zu einer Viertelmillionen Menschen auf der populären **Einkaufsmeile,** bevölkern die Cafés, Restaurants und Schnellimbissbuden oder füllen ihre Einkaufstüten in den Geschäften, Boutiquen und Kaufhäusern.

Neben all den bekannten Marken und Labels findet man auch einfachere und preisgünstige Einkaufsmöglichkeiten oder Souvenirlädchen. Beginnt man die Erkundung der Strøget am Rathausplatz 3, durchquert man auf den ersten wenigen hundert Metern den **preiswerteren Teil** mit Modeketten wie Zara oder H&M. Ungefähr ab dem Amagertorv 7 steigt dann die **Exklusivität** mit jedem Meter an und Boss, Gucci oder Louis Vuitton bestimmen das Preisniveau. Der Schwerpunkt liegt dabei auf Bekleidung und Schuhen, aber auch die bei audiophilen Designfans beliebte Unterhaltungselektronik der dänischen Edelmarke Bang & Olufsen wird hier feilgeboten.

Rund um den Storchenbrunnen am Amagertorv locken viele **Cafés und andere gastronomische Angebote** den hungrigen oder durstigen Stadtflanierer. In den Sommermonaten ist es oft nicht ganz einfach, draußen einen Sitzplatz zu ergattern, um die Passanten zu beobachten oder den vielseitigen Straßenkünstlern zuschauen zu können. Aber das Warten auf einen freien Tisch lohnt sich auf jeden Fall.

Parallel zur Strøget verlaufen die Kompagnistræde [B5] und die Læderstræde [C5], schlicht **Strædet** genannt. Hier prägen **kleine Geschäfte** und **Boutiquen** mit einem Angebot abseits des Mainstreams das Bild und es gibt auch kleine, urige Cafés zu entdecken.

5 Frauenkirche/ Dom zu Kopenhagen ★ [B4]

Bereits ab dem späten 12. Jh. befanden sich nachweislich sakrale Bauten auf dem Areal der Frauenkirche oder dem **Kopenhagener Dom,** wie das Gotteshaus auch genannt wird. **Stadtbrände** oder **kriegerische Handlungen** führten immer wieder zu verheerenden Zerstörungen und neue Bauwerke wurden errichtet. Die aktuelle Kirche wurde von Christian Frederick Hansen im **klassizistischen Stil** entworfen und 1829 eingeweiht.

Im Vergleich zu den großen gotischen Kathedralen Mittel- und Westeuropas wirkt sie von außen wenig beeindruckend. Betritt man das **Kirchenschiff** jedoch durch den Haupteingang, öffnen sich dem staunenden Besucher ganz neue und beeindruckende Perspektiven. Das Gotteshaus ist protestantisch schlicht, aber nichtsdestotrotz besticht es durch **klare Schönheit.**

Die innere Ausgestaltung oblag in weiten Teilen dem **Bildhauer Bertel Thorvaldsen,** dem herausragenden Vertreter seiner Zunft im Goldenen Zeitalter Dänemarks von 1800 bis 1850. Die zwölf **Apostelstatuen** an den Seitenwänden, der **Taufengel** vor und die **Christusgestalt** über dem Altar bilden eine einmalige künstlerische und ästhetische Einheit, die auch weniger Gottesfürchtige in den Bann zu ziehen vermag. Der Dom stellt auch heute noch **eines der bedeutendsten religiösen Zentren des Landes** dar.

› **Vor Frue Kirke,** Nørregade 8, www.domkirken.dk, Tel. 33376540, geöffnet: Mo.–Mi., Sa. 8–17, Do., So. 8–17, 20–23, Fr. 8–17, 20–24 Uhr (während der Gottesdienste für Touristen geschlossen)

6 Gråbrødretorv ★★ [B4]

Obwohl sehr zentral gelegen, wird diese urbane Oase leicht übersehen. Nur einen Steinwurf von der lebendigen Einkaufsmeile Strøget 4 entfernt kann man hier dem Großstadttrubel für eine Weile entfliehen.

Bis zum 16. Jahrhundert befand sich auf dem Areal des „Graubrüderplatzes" ein **Franziskanerkloster**, das von den grau gekleideten Brüdern bewohnt wurde, die dem Platz seinen heutigen Namen gaben. Im 17. Jahrhundert taucht er zunächst unter dem Namen **Ulfeldt-Platz** in den Chroniken auf – benannt nach dem dänischen Adeligen und Staatsmann **Corfitz Ulfeldt** (1606–1664), der sein stattliches Wohnhaus an dem Platz hatte errichten lassen. Ulfeldts Vita ist jedoch bis heute eine der unrühmlichsten in der langen dänischen Geschichte: Er war ein machtgieriger Politiker am dänischen Hofe, der durch Lügen, Intrigen und offenen Landesverrat absolut verhasst war. Da man seiner nicht habhaft werden konnte, brannte man sein Haus bis auf die Grundmauern nieder und enthauptete symbolisch eine Puppe, die mit alten, fauligen Tierdärmen ausgestopft worden war. Auf seinem vormaligen Grundstück errichtete man eine Schandsäule, die von den vorbeieilenden Bürgern Kopenhagens regelmäßig bespuckt wurde.

Während der **Schlacht um Kopenhagen** im Jahr 1807 wurde die Bebauung des Platzes – wie auch 30 % der gesamten Stadt – von britischen Kriegsschiffen in Schutt und Asche gelegt. Dieser verheerende Vorfall ist jedoch das Glück des heutigen Besuchers. Eine **einheitliche, 200 Jahre alte Bebauung**, die mit viel Fingerspitzengefühl restauriert wurde, und eine **mächtige Platane** in der Mitte sorgen für den einmaligen Charme des Gråbrødretorv. Eine Vielzahl an **gastronomischen Angeboten**, im Sommer ergänzt durch kleine Tische und Stühle auf dem urigen Kopfsteinpflaster, locken die hungrigen Besucher an.

022kn Abb.: mw

023kn Abb.: ld

7 Amagertorv ★★ [C5]

Der Amagertorv ist einer der schönsten Plätze der Stadt, wie nicht nur Einheimische behaupten. Als integraler Bestandteil der Fußgängerzone Strøget 4 wird er von historischen Bauwerken gesäumt, die alle aufwendig restauriert worden sind.

Die Gebäude wurden in der Zeit zwischen dem 17. und 19. Jahrhundert von angesehenen Bürgern der Stadt als Wohnhäuser errichtet und beherbergen heute neben **exklusiven Wohnungen** und **Rechtsanwaltskanzleien** hauptsächlich schicke **Verkaufsstätten der dänischen Edelmarken.** Ob **Mads Nørgaard** (Mode, Hausnummer 15), **Georg Jensen** (Schmuck/Design, s.S. 87), **Royal Copenhagen** (königliche Porzellanmanufaktur, s.S. 87) oder **Illums Bolighus** (Möbel/Interieur, s.S. 87) – alle haben ihre prächtigen Hauptsitze an diesem Platz. Zur Erholung vom Einkaufsstress bieten sich **Kaffeehäuser** wie das klassische Café Norden oder das etwas jüngere Café Europa an, die beide in den Sommermonaten mit einer großen Außengastronomie um die durstigen Gäste buhlen.

Für Unterhaltung sorgen fast rund um die Uhr **Straßenkünstler,** die sich ihre Bühne um den mittig gelegenen **Storkespringvandet**, den **Storchenbrunnen,** suchen. Der Brunnen war übrigens ein Geschenk der Stadt an den Kronprinzen Fredrik und Kronprinzessin Louise anlässlich ihrer Silberhochzeit im Jahr 1894. Sollte gerade eine Gruppe junger Frauen in weißen Kitteln um den Brunnen tanzen, so sind diese keine betrunkenen Partygänger, sondern **Hebammen,** die traditionell ihren erfolgreichen Ausbildungsabschluss mit einem Tänzchen um den Springbrunnen zelebrieren.

Bis Mitte des 19. Jahrhunderts war der Amagertorv der wichtigste **Markt-**

◁ Der Gråbrødretorv überzeugt architektonisch und gastronomisch

△ Einer der namensgebenden Vögel des Storchenbrunnens am Amagertorv 7

platz der Stadt. Hier traf man sich, tauschte die neusten Nachrichten aus und kaufte seine Lebensmittel ein. Die bäuerlichen Lieferanten kamen hauptsächlich von der angrenzenden, agrarisch geprägten Insel Amager – heute urbaner Bestandteil Kopenhagens – und priesen ihre Waren an. Somit erklärt sich auch der Name des Platzes von ganz allein.

8 Runder Turm ★★ [B4]

Wo sich heute Touristen auf den Weg zur Aussichtsplattform begeben, ritt vor mehr als 300 Jahren Zar Peter der Große auf einem Pferd nach oben. Den Runden Turm erklimmt man nämlich nicht klassisch über Treppenstufen, sondern über einen spiralförmigen Aufgang, der sich siebeneinhalbmal um die eigene Achse dreht.

Royals bewegten sich schon damals ungern und so kam es dem Zaren, der 1716 auf Staatsbesuch in der dänischen Hauptstadt weilte, entgegen, auf einem **Pferderücken** nach oben bis auf 35,5 m Höhe zu reiten. Seine Ehefrau wurde in einer **kleinen Kutsche** hinaufbefördert. Modernen Mythen zum Trotz wurde der treppenlose Gang nicht eigens für den russischen Herrscher angelegt, sondern existierte bereits bei der Fertigstellung des Gebäudes 1642. Da der Turm als **Observatorium** und **universitäre Bibliothek** geplant worden war, hatten König Christian IV. und seine Baumeister vorausschauend geplant: Mit **Pferdegespannen** konnte man Tausende von Büchern und insbesondere die schweren Observatoriumsteile einfach befördern.

Das Observatorium über der Aussichtsplattform wurde zeitgleich mit der Fertigstellung des Turmes eröffnet und ist heute **das älteste noch betriebene Observatorium der Welt.** Generationen von Astronomen haben hier durch Fernrohre die Sterne beobachtet und ihre wissenschaftlichen Kenntnisse erweitert. Erst 1861 wurde eine modernere, außerhalb des Stadtzentrums gelegene Sternwarte eröffnet und die wissenschaftliche Forschung dorthin verlegt. Doch bis heute können **Hobbyastronomen** mehrfach wöchentlich die historischen Geräte nutzen und ihrer Passion frönen. In der Sammlung des **Rundetårn** findet sich auch eine Reliquie des berühmtesten dänischen Sterneguckers **Tycho Brahe:** Ein 6 x 6 cm großes Stoffstück vom Leichenhemd des in Prag begrabenen Wissenschaftlers wird hier hinter Glas aufbewahrt.

Auch für weniger wissenschaftsgeschichtlich Interessierte ist der Besuch des Turms absolut lohnenswert. Wenn man den steilen Aufstieg geschafft hat, wird man mit einem **tollen Ausblick über die Stadt** belohnt.

› **Rundetårn**, Købmagergade 52a, Tel. 33730373, www.rundetaarn.dk, Eintritt: 40 kr, Kinder (5–15 Jahre) 10 kr, geöffnet: April–Sept. tägl. 10–20, Rest des Jahres Do.–Mo. 10–18, Di.–Mi. 10–21 Uhr

9 Thorvaldsens Museum ★★★ [C5]

Nur bei wenigen Menschen wird großes Talent schon in den Kindertagen entdeckt. Bertel Thorvaldsen (1770–1844) besuchte bereits im Alter von elf Jahren die Kopenhagener Kunstakademie und zog als junger Mann nach Rom, um sich mit den Besten seiner Zunft messen zu können: Er wurde zum Vorbild mehrerer Bildhauergenerationen.

Seine unnachahmlichen Arbeiten machten Thorvaldsen nicht nur in Rom

Der Börsenbrand: „Unser Notre-Dame-Moment"

110kn Abb.: ld

Am Morgen des 16. April 2024 starrte ganz Dänemark schockiert auf TV- und Computerbildschirme: Das historische Bauwerk der **Børsen** [D6] im Herzen der Hauptstadt stand in Flammen. Trotz intensiven Einsatzes der Feuerwehr brannte die Architektur-Ikone aus dem 17. Jh. zu großen Teilen nieder. Der 56 m hohe **Börsenturm**, der vier ineinander verschlungene Drachenschwänze darstellte, kollabierte auf dem Höhepunkt der Feuersbrunst. Dabei sollte gerade er das 399 Jahre alte Gebäude vor äußeren Feinden und Feuer schützen – symbolischer geht es nicht.

Auch wenn in der historischen Börse seit 1974 keine Aktien mehr gehandelt wurden, so war die Zerstörung doch ein Schock für die dänische Öffentlichkeit und schnell wurde die Parallele zum verheerenden Brand der französischen Nationalkirche Notre Dame gezogen.

Selbst in dieser nationalen Katastrophe kam der typisch dänische Pragmatismus, gepaart mit Zuversicht und Tatendrang, zum Tragen: Alle gesellschaftlichen Institutionen und Amtsträger waren sich einig, dass die Börse wieder aufgebaut werden solle. Nur wenige Tage nach dem Inferno begannen die Aufräumarbeiten. Nach vorsichtigen Schätzungen wird der Wiederaufbau 4–5 Milliarden Kronen (500–650 Mio. Euro) kosten und bis zu zehn Jahre dauern.

› **Børsen**, Slotsholmsgade

Umgehend nach dem Unglück beginnen die Aufräumarbeiten

zu einem Star seiner Zunft. Seine **Auftraggeber** kamen aus allen Herrscherhäusern Europas. **Napoleon Bonaparte** bestellt ein Kopernikus-Denkmal bei ihm – noch heute sitzt der große deutsch-polnische Astronom auf seinem Sockel in Warschau – und für **Papst Pius VII.** erschuf er dessen Grabmal, das übrigens bis heute das einzige Kunstwerk im Petersdom ist, das von einem bekennenden Protestanten erschaffen wurde.

Nach über 40 Jahren des freiwilligen Exils kehrte er 1838 nach Kopenhagen zurück und wurde **wie ein Volksheld empfangen.** Umgehend wurde ihm zu Ehren ein **Museumsbau** initiiert, an dem er selbst künstlerisch federführend war. Das Thorvaldsens Museum wurde 1848 als **erstes Museum Dänemarks** eröffnet. Der Künstler fand im Innenhof seine **letzte Ruhestätte:** Er war vier Jahre vor Fertigstellung verstorben.

Im Museumsgebäude beeindruckt zunächst das **Licht,** das durch die hohen Seitenfenster in die Gänge und Räumlichkeiten fällt. Die **reich verzierten Decken** und die **Muster der Bodenfliesen** sorgen für eine spektakuläre Atmosphäre, in der die Exponate erstklassig zur Geltung kommen. Die **Symbiose von Bauwerk und Ausstellungsgegenständen** ist ein Kunstwerk für sich und zieht auch weniger Kunstbeflissene unweigerlich in ihren Bann.

Das Dach des Museums ziert die **Siegesgöttin Victoria** mit einem Vierspänner, die deutschen Besuchern vom Brandenburger Tor bekannt vorkommen dürfte. Somit ist das wunderschöne Museum kaum zu verfehlen!

Gegen Pfand kann im Museumsshop ein **Audioguide** (auf Englisch) entliehen werden oder man nutzt die museumseigene **App** („Thorvaldsens Museum"). Abrunden kann man den Museumsbesuch im angeschlossenen **Café,** das im Sommer sein Platzangebot in den offenen Hofbereich erweitert.

› Bertel Thorvaldsens Plads 2, Buslinien 2A, 23, 31 und 37, Haltestelle: Gammel Strand/Christiansborg oder Metro: Gammel Strand, www.thorvaldsensmuseum.dk, Tel. 21687568, geöffnet: Di.–So. 10–17 Uhr, Eintritt: Erwachsene 100 kr, unter 18 J. frei, mittwochs freier Eintritt

10 Schloss Christiansborg ★★★ [C5]

Ein ehemaliges Königsschloss als Heimstätte der Demokratie ist sehr dänisch-pragmatisch: Es wurde nicht radikal mit dem Alten gebrochen, sondern man suchte eher den sanften Übergang von der Monarchie zur Volksherrschaft und so beherbergt das Schloss Christiansborg heute das Folketing, das dänische Parlament.

Auf der **Insel Slotsholmen** wurde schon vor mehr als 800 Jahren eine erste Burg errichtet. Der Stadtgründer **Bischof Absalon** ließ die Befestigungsanlage **Mitte des 12. Jahrhunderts** bauen. Noch heute kann man die Grundmauern von Absalons Burg unter Christiansborg besichtigen. Die folgenden vier Gebäudekomplexe – das Kopenhagener Schloss (Københavns Slot) und drei unterschiedliche Prachtbauten unter dem Namen Christiansborg – entstanden an exakt derselben Stelle. Somit müsste das aktuelle Schloss formal korrekt eigentlich als „Christiansborg, das dritte", bezeichnet werden.

Bei einem **schweren Brand 1884** wurde das zweite Christiansborg weitestgehend zerstört und ein neues Schloss sollte die ausgebrannte Ruine ersetzen. Nach einem langwierigen Entscheidungsprozess, der sich durch divergierende Interessen der politischen Parteien und architektonische Streitigkeiten über 20 Jahre hinziehen sollte, wurde erst **1907** der Grundstein für das heutige Schloss gelegt. Das Bauwerk des Architekten

Der Slotsholmskanal trennt die Insel Slotsholmen mit Schloss Christiansborg 10 vom Rest der Stadt

024kn Abb.: ld

Praktische Infos für Schloss Christiansborg

- **Folketing.** Ganzjährig geöffnet, aber nur im Rahmen kostenloser Gruppenführungen zu besichtigen. Die 45-minütigen Führungen (auch auf Englisch) können über das Buchungsportal unter www.thedanishparliament.dk reserviert werden.
- **Schlossturm.** Die kostenlose Aussicht aus 44 Metern Höhe kann man Di.–Sa. 11–21 und So. 11–17.30 Uhr genießen (max. 40 Gäste zeitgleich). Eingang zum Turmfahrstuhl direkt im Hauptportal.
- **Königliche Repräsentationsräume.** Geöffnet: April–Juni, Sept. tägl. 10–17, Juli, Aug. tägl. 10–18, Okt.–März Di.–So. 10–17 Uhr, Eintritt: 105 kr, unter 18 Jahren frei, Führungen auf Englisch (50 Min.) immer 15 Uhr.
- **Historische Ruinenfundamente der Burg des Bischofs Absalon.** Geöffnet: wie Repräsentationsräume (s. o.), Eintritt: 65 kr (unter 18 Jahren frei), Sa. 12 Uhr Führung auf Englisch.
- **Königliche Ställe und Kutschen.** Geöffnet: April–Juni, Aug., Sept. tägl. 13.30–16, Juli tägl. 10–18, Okt.–März Di.–So. 13.30–16 Uhr, Eintritt: 65 kr, unter 18 Jahren frei.
- **Theatermuseum.** Wegen Renovierungsarbeiten ist das Museum **temporär geschlossen.** Unter www.hofteatret.dk findet man aktuelle Information über den Fortgang der Arbeiten.
- **Christiansborg Schlosskirche.** Geöffnet: So. 10–17 Uhr, Oster- und Herbstferien sowie Juli täglich, Eintritt frei.
- **Königliche Festküche.** Geöffnet: wie Repäsentationsräume (s. l.), Eintritt: 65 kr, unter 18 Jahren Eintritt frei.
- **Kombiticket** für die königlichen Räumlichkeiten, die Schlossruinen, die Festküche und die Ställe: 175 kr für Erwachsene, unter 18 J. Eintritt frei.

Vom Ting zum Folketing

Germanische Stämme kannten das Ting (alternativ auch „Thing" geschrieben) schon im ersten Jahrtausend nach Christus. So trafen sich **alle freien Männer eines Stammes** an festgelegten Orten – den Tingstätten –, um die Gemeinschaft betreffende Ereignisse zu besprechen und **Entscheidungen zu treffen.** Dabei wurden rechtliche Streitigkeiten beigelegt, Urteile gefällt und die bedeutendsten Fragen wie z. B. nach Krieg und Frieden beantwortet. Ihre Zustimmung artikulierten die Teilnehmer durch das Zusammenschlagen ihrer Schwerter, Ablehnung wurde ebenso akustisch geäußert: Lautes Murren bedeutete „Nein"!

Ab 1849 trafen sich auch die führenden Köpfe Dänemarks in einer Versammlung, die in Anlehnung an die historischen Vorläufer auf den Namen **Folketing** – also das Ting des Volkes – getauft wurde. Mitglied des Folketings konnten jedoch nur die **wohlhabenderen Bauern oder Bürger** des Landes werden, da Frauen, Männer der Unterschicht und unter 30-Jährige nicht wählbar waren und auch kein Stimmrecht besaßen. Neben dem Folketing bestand eine zweite Kammer des Parlamentes, in der sich die **aristokratische Oberschicht** versammelte: das **Landsting.**

Mit der **Grundgesetzänderung 1915** wurden die Beschränkungen aufgehoben, das **allgemeine Wahlrecht eingeführt** und bei der ersten freien und allgemeinen Wahl drei Jahre später wurden auch gleich vier Frauen ins Folketing gewählt. In einer weiteren Reform wurde 1953 das **Zweikammerparlament zugunsten des Folketings aufgelöst.** Auch hatte der jeweilige **Monarch** nur noch **repräsentative Funktionen** und verabschiedete neue Gesetze mit seiner Unterschrift. Die maßgebliche Position innerhalb des dänischen Parlamentarismus hat der **Statsminister** inne, der Regierungschef.

Bei der Folketingswahl im November 2022 bestätigten die Sozialdemokraten ihre Position als stärkste politische Kraft. Über 27 % der Wahlberechtigten befanden, dass Ministerpräsidentin **Mette Frederiksen** Dänemark erfolgreich durch Corona-, Ukraine- und Energiekrise steuert. Bei der Wahl zogen mit Moderaterne (zentristisch) und den Danmarksdemokraten (rechtspopulistisch) zwei neue Parteien in das Folketing ein, die erst 2022 gegründet worden waren.

Im dänischen Wahlrecht ist die Sperrklausel auf nur 2 % festgelegt, was zu einem deutlich größeren Parteienspektrum als zum Beispiel in Deutschland führt. Aktuell sitzen **zwölf Parteien** in Christiansborg, die zusammen 175 Abgeordnete stellen. Erweitert wird das Parlament durch jeweils zwei Repräsentanten aus **Grönland** und von den **Färöer-Inseln.**

Thorvald Jørgensen wurde in mehreren Etappen eröffnet. So zog das **Parlament** 1918 in seine Räumlichkeiten ein und der **Oberste Gerichtshof** 1919. Die königlichen Repräsentationsräume wurden erst 1928 übergeben und stellten den offiziellen Schlusspunkt der Bauarbeiten dar.

Die **Christiansborg Schlosskirche** wirkt von außen schlicht. Umso beeindruckender erscheint dem Besucher das Interieur des Gotteshauses.

Hier begingen und begehen die Royals viele wichtige Ereignisse – von Taufen der kleinen Prinzessinnen und Prinzen bis hin zu Trauerfeiern für Mitglieder der Königsfamilie. Das **Folketing** mit seinem hufeisenförmigen Plenarsaal stellt das Herzstück der dänischen Demokratie dar, während die **Repräsentationsräume** mit Thronsaal, Rittersaal, Alexandersaal und der royalen Gobelin-Sammlung sowie die königlichen Ställe und Kutschen die konstitutionelle Monarchie symbolisieren. Die andere Seite des royalen Daseins kann man in der **Königlichen Festküche** erleben: Unzählige funkelnde Kupfertöpfe und -pfannen zeugen von den Feierlichkeiten zum 25. Thronjubiläum Christians X. im Jahr 1937.

Einen fantastischen Ausblick über die Hauptstadt erhält man von der **Aussichtsplattform des Schlossturms.** Ermattete Besucher des Turms müssen sich keine Sorgen vor einem anstrengenden Treppenmarathon machen: Es gibt einen Fahrstuhl (nur die letzten Höhenmeter müssen per pedes absolviert werden). Freunde der Theaterkunst sollten sich das angeschlossene **Theatermuseum** im Hoftheater nicht entgehen lassen, in dem man in die royale dänische Theatergeschichte entführt wird (derzeit jedoch geschlossen). Auf hungrige und durstige Stadterkunder wartet das **Restaurant Meyers i Tårnet,** eine sehr atmosphärische Einkehrmöglichkeit (s. S. 72).

› **Christiansborg Slot,** Buslinien 2A, 23, 31 und 37, Haltestelle Gammel Strand/Christiansborg oder Metro: Gammel Strand, Tel. 33373221 (Besucherzentrum), https://kongeligeslotte.dk (dänische Schlösserverwaltung), www.thedanishparliament.dk, Öffnungszeiten und Eintritt siehe Kasten Seite 25

11 Den Sorte Diamant (Der Schwarze Diamant) ★ [C6]

Bibliophile sollten sich diesen architektonisch und inhaltlich spannenden Leckerbissen nicht entgehen lassen. Als **Anbau der Königlichen Bibliothek** wurde Den Sorte Diamant 1999 eröffnet, kostete über 60 Millionen Euro und vergrößerte die Kapazitäten der Institution massiv. **Fast fünf Millionen Bücher,** die sich auf **160 Regal-Kilometern** (!) verteilen, stehen dem neugierigen Leser zur Verfügung. An insgesamt **486 Leseplätzen** kann man sie studieren.

Die Fassade des Gebäudes, die aus **simbabwischem Absolut Black Granit** besteht und in der sich das Wasser des Inneren Hafens spiegelt, war für den Volksmund namensgebend: Kaum ein Kopenhagener benutzt noch den offiziellen Terminus Königliche Bibliothek.

Im Zentrum des avantgardistischen Bauwerks erhebt sich ein fast 30 m hohes **gläsernes Atrium,** das die es umgebenden Räumlichkeiten mit natürlichem Licht versorgt. Rund um diesen gigantischen Wintergarten verteilen sich die meisten öffentlichen Institutionen der Bibliothek. Besuchern mit speziellen Interessen stehen innerhalb der Königlichen Bibliothek die **Historische Büchersammlung,** das **Musik- und Theaterzentrum,** die **Abteilung für Orientalistik und Judaistik** und das **Nationale Fotomuseum,** das stolz auf einen Fundus von über 50.000 Fotografien verweist und regelmäßig wechselnde Ausstellungen im Schwarzen Diamanten kuratiert, offen.

› **Den Kongelige Bibliotek,** Søren Kierkegaards Plads 1, Buslinie 26, Haltestelle: Det Kongelige Bibliotek, Tel. 33474747, www.kb.dk. Wechselnde Öffnungszeiten

025kn Abb.: ld

je nach Institution, aber in der werktäglichen Kernzeit von 10 bis 16 Uhr sind alle Bereiche geöffnet. Öffentliche Ausstellungen innerhalb der Königlichen Bibliothek können Mo.-Fr. 10-19 und Sa. 10-18 Uhr besucht werden.

12 Kongens Nytorv ★★ [D4]

Ob hier die Fußgängerzone Strøget 4 endet oder beginnt, darüber lässt sich streiten, aber dass der Kongens Nytorv einer der imposantesten Plätze der dänischen Hauptstadt ist, dürfte kaum jemand ernsthaft in Zweifel ziehen.

Vor 400 Jahren wäre man kaum auf den Gedanken gekommen, dass das **schlammige, verdreckte Areal,** das sich plötzlich nach der Erweiterung der Befestigungsanlagen innerhalb des Stadtgebiets befand, einmal ein **repräsentativer Platz** werden würde. Reste der alten Stadtmauer, Erdhügel und der alltägliche Müll der Bewohner prägten das Erscheinungsbild. Erst nach der Krönung **Christian V.** im Jahr 1670 änderten sich die Vorzeichen. Der neue König wollte Kopenhagen weiter ausbauen und neben ökonomischer und militärischer Expansion sollte die aufstrebende Kapitale des dänischen Reiches auch optisch mit anderen europäischen Metropolen mithalten können.

In den letzten Jahrzehnten des 17. Jahrhunderts entstanden rund um den neuen Platz **imposante Bauwerke** und **Paläste.** Christian V. hatte nämlich angeordnet, dass nur die Reichen und Vornehmen der Gesellschaft Bauplätze erwerben konnten und deren städtische Palais hatten hohe architektonische Vorgaben zu erfüllen. Noch heute kann man das **Schloss Charlottenborg** (beherbergt heute die Königlich Dä-

Der Schwarze Diamant 11 ist ein echter Hingucker

nische Kunstakademie) oder das **Thotts Palais** (heute die französische Botschaft) bewundern, die beide aus dieser Zeit stammen. In den folgenden Jahrhunderten entstanden unter anderem mit dem **Erichsens Palais** (heute Zentrale der Danske Bank), dem **Hotel D'Angleterre** (das luxuriöseste und teuerste Hotel der Stadt) oder dem **Magasin du Nord** (s. S. 85) weitere eindrucksvolle Bauwerke, die den kreisrunden Platz umgeben.

An der Südseite des Kongens Nytorv erhebt sich das mächtige **Königliche Theater** ⑬, in dem sich seit über 270 Jahren regelmäßig der Vorhang öffnet.

In der Mitte des Platzes hat sich Christian V. selbst ein **Denkmal** gesetzt. Hoch zu Ross und bekleidet wie ein römischer Imperator blickt er stolz über „seinen" Platz. Das Denkmal wurde aus Ermangelung höherwertiger Materialien 1688 **aus Blei** gegossen und zentral auf dem Platz aufgestellt. Über die Jahrzehnte gaben die Beine des Pferdes immer mehr nach und das Ross ging wortwörtlich in die Knie. Somit sahen sich die Verantwortlichen während des Zweiten Weltkriegs gezwungen, eine neue Statue zu gießen – diesmal aus stabiler Bronze.

Im Sommer wie im Winter ist der Kongens Nytorv ausgesprochen **belebt und populär.** In der warmen Jahreszeit versorgen mobile Eiskioske und Würstchenbuden – letztere auch in der kalten Jahreszeit – die Kopenhagener und die Besucher der Stadt. Im Winter kann man auf der alljährlich errichteten **Eisbahn** seine Runden drehen: Und das ganz kostenlos, nur der Schlittschuhverleih verlangt einen Obolus.

› Metro: Kongens Nytorv

⑬ Königliches Theater ★ [D4]

Seit 1748 befindet sich das Königliche Theater am Kongens Nytorv. Anfang des neuen Jahrtausends kamen mit der Oper ㉖ (2005) und dem Schauspielhaus ⑮ (2008) zwei weitere, ausgesprochen illustre Spielstätten hinzu, die ebenfalls unter dem administrativen Dach des Kongelige Teater firmieren. Um die Bühnen besser unterscheiden zu können, agiert das alte Theatergebäude seitdem unter dem Namen „Gamle Scene" – also die „Alte Bühne".

Diesen Namen trägt das Gebäude zu Recht. Seit 1748 logiert das royale Theater an gleichem Ort. Hier werden seit der Einweihung 1874 Dramen, Opern, Konzerte oder Ballettstücke aufgeführt. Finanzierungsprobleme verhinderten anfangs die Fertigstellung der pompösen Innendekoration, erst eine Finanzspritze des Carlsberg-Fonds sicherte den Bauabschluss.

Mit der Entstehung der neuen Häuser wurde das Programmspektrum neu gestaltet und auf der Gamle Scene gibt es hauptsächlich **Ballettaufführungen** und **kleinere Produktionen** zu sehen. Allen Neuerungen zum Trotz hat sich aber eine Tradition über all die Jahre gehalten: Wenn **Mitglieder der königlichen Familie** in ihre Loge geführt werden, erheben sich alle Nicht-Blaublüter und nehmen ihre Sitzplätze erst nach den Royals wieder ein.

› **Det Kongelige Teater,** Kongens Nytorv, Metro: Kongens Nytorv, Tel. 33696969 (Mo.–Fr. 9.30–16 Uhr), www.kglteater.dk. Die Theaterkasse öffnet mind. 2 Std. vor der jeweiligen Vorstellung, alternativ kann man auch auf der Website des Theaters Karten erstehen. Tickets für Führungen (150 kr, unter 12 Jahren 75 kr) sind ebenfalls online buchbar.

Der Pølsevogn – eine dänische Institution

„Das kannst Du dem pølseman (Wurstverkäufer) auf dem Markt erzählen", ist eine ur-dänische Redewendung, die niemand gerne hört, bedeutet sie doch, dass der Erzählende so Langweiliges von sich gibt, dass niemand – außer dem „pølseman", der nicht aus seinem Verkaufsstand flüchten kann – zuhören möchte. Gleichzeitig ist sie eine Huldigung an die allgegenwärtigen „**Wurstwagen**" und ihre Betreiber, die bei Wind und Wetter über lange Stunden ihrer mühseligen Arbeit nachgehen.

1920 vergab die Stadtverwaltung erstmalig eine **Konzession** zum **mobilen Wurstverkauf** und im folgenden Jahr rollten die ersten, von Hand gezogenen „pølsevogn" durch die Straßen der Hauptstadt. Die eigentlichen Väter des nicht-stationären Wurstverkaufs kamen jedoch aus **Berlin.** Dort kannte man den Wurstverkäufer am Straßenrand schon seit Anfang des Jahrhunderts. Über den Umweg Schweden und Norwegen kam die Idee schließlich auch nach Dänemark, doch über viele Jahre verhinderte die starke **Restaurantlobby** die neue, preiswerte Konkurrenz. Für 25 Øre plus 5 Øre für das Brot konnte man damals den kleinen Hunger bekämpfen.

Parallel zum **technischen Fortschritt** wurden auch die „pølsevogn" komfortabler und die Verkäufer fanden Unterschlupf in den deutlich größeren Buden. Doch für die Kunden blieb das „Café Fußkalt", wie die Wagen heute noch scherzhaft bezeichnet werden, eine reine Freiluftveranstaltung. Von den zu Hochzeiten bis zu 700 mobilen Verkaufsständen in ganz Dänemark haben nur etwa 100 überlebt. In Kopenhagen findet man noch ca. 25 Pølsevogn, die vornehmlich an belebten Kreuzungen und Plätzen geparkt sind. Damals wie heute gilt immer noch eine **unumstößliche Regel:** Abends müssen die Wagen den Platz verlassen und in einer Garage oder auf einem Abstellplatz die Nacht verbringen.

Tipp: Besonders zu empfehlen ist der Klassiker **„Rød Pølse"** – in Zeiten der ökologisch-nachhaltigen Lebensmittelproduktion ein Anachronismus –, eine knallrot gefärbte Wurst im aufgewärmten Brot mit Ketchup, Senf, Remoulade, Röstzwiebeln und süßlichen Gurkenscheiben als Krönung. Ebenfalls köstlich und mit deutlich geringerem Risiko von Ketchupflecken auf dem T-Shirt ist der **„Fransk Hotdog"** (französischer Hotdog), bei dem die Wurst in ein mit Dressing gefülltes Brötchen gedrückt wird.

Aus dem Stadtbild nicht wegzudenken: der mobile Pølsevogn

026kn Abb.: ld

027kn Abb.: ld

Indre By: von Nyhavn bis zur Kleinen Meerjungfrau

Vom Nyhavn-Kanal kann man das royale Kopenhagen rund um Schloss Amalienborg und Schloss Rosenborg in wenigen Minuten erreichen und am Kai Langelinie wartet in der Nähe des Kastells die bekannteste Dänin der Welt – die Kleine Meerjungfrau – auf die Besucher aus aller Welt.

14 Nyhavn ★★★ [D4]

Moderne Gastronomie statt Hafenspelunke, sonniges Café statt dunklem Tattoostudio, avantgardistische Designlampen statt Rotlicht – der „Neue Hafen", die ehemalige Ausgehmeile der Seeleute und Hafenarbeiter, hat den Wandel ins 21. Jahrhundert gemeistert und aus dem einstigen Schmuddelkind ist die längste Bar Skandinaviens geworden.

Der **alte Stichkanal** vom Kopenhagener Hafen zum Stadtzentrum und die **beidseitige Bebauung aus dem 18. und 19. Jahrhundert** sind für Einheimische und Touristen gleichermaßen Anziehungspunkt. Mit dem Bau des Nyhavn in den 1670er-Jahren gehört das Stadtgebiet um den Kanal zu den belebtesten Quartieren der Stadt. Auf der **südlichen Seite** wohnten die wohlhabenderen Bürger, während sich **nördlich des Wasserweges** die einfacheren Kopenhagener ansiedelten – dort wo heute die pittoresken, bunten Häuschen die Touristen in Verzückung und deren Handykameras zum Glühen bringen. Die Kais standen damals voll mit Gütern und Waren aller Art, in den Gasthäusern saßen die Passagiere und warteten auf ihre Schiffspassage und in den Kneipen wie Hong Kong oder Kap Hoorn – beide existieren bis heute – setzten die Tagelöhner und Matrosen ihre Heuer in Alkohol um und träumten von fernen Gefilden.

⌃ *Die urig-maritime Atmosphäre am Nyhavn darf man nicht verpassen*

KURZ & KNAPP

Inderhavsbroen [E5]

Die Inderhavsbroen („Innere Hafenbrücke") ist für Fußgänger und Radfahrer der Brückenschlag zwischen Innenstadt und Christianshavn und ein weiterer Baustein im progressiven Verkehrskonzept Kopenhagens. Die Brücke wird von den Kopenhagenern euphorisch angenommen: Statt prognostizierten 5000 Radlern pro Tag wurden schon über 11.000 zweirädrige und 18.000 gehende Brückennutzer innerhalb von 24 Std. gezählt. Da scheinen die 40 Mio. € Baukosten doch gut angelegt worden zu sein.

Mitte des 20. Jahrhunderts hatte das Hafenviertel einen **üblen Ruf** und man verband Nyhavn mit Suff, Schlägereien und Prostitution. Die Entwicklung ging nur in eine Richtung: abwärts! Erst Ende der 1970er-Jahre wurde der Trend gestoppt. Der nördliche Kai wurde **verkehrsberuhigt** und im Kanal selbst dürfen seit dieser Zeit nur noch **historische Dampfer und Segelschiffe** vertäut werden. Aus den dreckigen Hafenspelunken wurden peu à peu **schicke Restaurants und Cafés** und für die dänische Mittelschicht war es mit einem Mal angesagt, in Nyhavn auszugehen.

Heute tummeln sich die hungrigen, durstigen und neugierigen Besucher auf der nördlichen – der sonnigen – Seite des Kanals. **Insbesondere in den Sommermonaten** stehen unzählige Tische, Stühle und Sonnenschirme auf dem Kopfsteinpflaster und es ist teilweise schwierig, einen freien Tisch zu ergattern. Am Kopfende von Nyhavn, in der Nähe des Gedenkankers für die im Zweiten Weltkrieg gefallenen dänischen Seeleute, befindet sich auch der wichtigste Anleger für die ausgesprochen populären **Hafenrundfahrten** (s. S. 124), während sich am anderen Kanalende (zum Hafen hin) ein Anleger der Wasserbusse (s. S. 128) befindet.

› Metro: Kongens Nytorv

15 Schauspielhaus ★ [E4]

Das **Königliche Theater** 13 hat neben dem historischen Stammgebäude am Kongens Nytorv und der Oper 26 auf der Insel Holmen (schräg gegenüber des Schauspielhauses) eine dritte, topmoderne Spielstätte unter seiner Obhut. Direkt am Hafen gelegen, spricht das offene Konzept des

MEIN TIPP

Preiswertes Bier in illustrer Lage

Wer es gerne etwas rustikaler mag und wem die Getränkepreise in den gastronomischen Betrieben von Nyhavn 14 zu happig sind, der besucht einfach einen **døgnkiosk.** Das sind **kleine Kioske** – in Berlin als Spätkauf oder in Köln als Büdchen bekannt. Dort bezahlt man für ein ganzes Sixpack Tuborg etwa den gleichen Preis, den die Cafés und Kneipen direkt am Kanal für ein einziges Bier aufrufen. Auf der hölzernen Kaimauer findet man fast immer ein sonniges Plätzchen und kommt schnell mit den Kopenhagenern in Kontakt. Und um die leeren Dosen oder Flaschen muss man sich auch nicht kümmern, das erledigt die „Pfandmafia" von Nyhavn, deren Mitglieder eifrigst den Kai hoch- und runterlaufen.

- •1 [D5] **Maria's Kiosk,** Holbergsgade 9, Tel. 33912030, geöffnet: tägl. 6–18 Uhr. Kleine Snacks und kühle Getränke bietet dieser Tanta-Emma-Laden nur wenige Gehminuten vom Nyhavn entfernt feil.

Skuespilhuset nicht nur Architektur-Aficionados an. Um den dunkelbraunen Kern des Theaters schmiegt sich eine **Glas-und-Stahl-Front**, die das Tageslicht ins Foyer strahlen lässt. Zum Wasser hin schließt sich eine ausladende **Holzterrasse** an, die besonders im Sommer zum Verweilen einlädt.

Auf den **drei Bühnen** des Hauses werden sowohl klassische Stücke als auch modernste Theaterkunst präsentiert. An der Nordseite des Schauspielhauses befindet sich die **Freiluftbühne Ofelia Beach**, die jedoch nur in den warmen Monaten bespielt wird.

Kulinarische Stärkung erfährt der Besucher im **Café und Restaurant Ofelia** im Hauptkomplex. Im Frühling und Herbst gibt es hier ein besonderes Angebot: Picknick in kleinen Glashäusern direkt am Wasser – toll!

› **Skuespilhuset**, Sankt Annæ Plads 36, Metro: Kongens Nytorv, Hafenbus (Fähre) Nr. 991, 992 und 993, Tel. 33696969, www.kglteater.dk, Eintrittskarten: abhängig von Platz und Vorstellung, Theaterführungen (wechselnde Tage und Zeiten): 150 kr (Kinder 75 kr), Infos: https://kglteater.dk/en/calendar

16 Schloss Amalienborg ★★★ [E3]

Ein zentrales Reiterstandbild, ein achteckiger Platz und vier (fast) identische Palais, die sich darum gruppieren: Schloss Amalienborg ist bereits seit mehr als 200 Jahren offizieller Wohnsitz der dänischen Monarchen.

Das Schloss, so wie es heute zu bewundern ist, entstand in den 1750er-Jahren auf Initiative des damaligen Königs **Frederik V.** Die Pläne zielten damals auf die Errichtung eines Rokoko-Ensembles, das von **vier adeligen Familien** bewohnt werden sollte. Es sollte zum Zentrum des neuen, repräsentativen Stadtviertels Frederikstaden werden. Dass es ein knappes halbes Jahrhundert später zum royalen **Schloss** aufstieg, war weder absehbar noch geplant.

028kn Abb.: ld

Ein schwerer **Schlossbrand in Christiansborg** 10, dem traditionellen Wohnsitz des dänischen Herrschergeschlechts, im Jahr 1794, warf alle „Wohnungspläne" über den Haufen. Von heute auf morgen waren die Royals obdachlos und benötigten eine angemessene Bleibe. Die **Familie Moltke**, Bewohner und Besitzer des gleichnamigen Palais (heute Teil von Amalienborg), stellte Christian VII. und dessen Gefolge ihr Anwesen als **temporären Wohnsitz** zur Verfügung. Sie selbst zogen nun ganzjährig auf ihre Besitzungen

Beliebtes Fotomotiv: die Ehrengarde vor dem Schloss Amalienborg

Frederik V. zu Pferde – ein teures Vergnügen

Als Initiator des Amalienborg-Ensembles (16) gebühre ihm ein **Ehrenplatz** – so dachte Frederik V. Was lag da näher, als ganz im Zeichen der Zeit ein **monumentales Denkmal** errichten zu lassen, das die Größe und Macht des Dänenkönigs symbolisierte.

Der französische Bildhauer **Jacques-François-Joseph Saly** wurde mit der Schaffung eines Reiterstandbildes beauftragt und verlegte seinen **Wohnsitz** umgehend **nach Kopenhagen.** Vor seinem Atelier hatte er eine Koppel anlegen lassen, um die Bewegungen und Proportionen der Pferde ausgiebig studieren zu können. Mehrere Jahre zeichnete er Skizzen über Skizzen, um sie anschließend wieder zu verwerfen. **Nach zehn Jahren** hatte er endlich ein Gipsmodell erstellt, das auch dem König gefiel. Um aus dem Gipsmodell eine Bronzeskulptur zu erschaffen, wurden sein Landsmann **Pierre Gor und dessen fünfköpfiges Team** ins Land geholt, die umgehend die königliche Kanonengießerei erweiterten, da der vorhandene Brennofen für das bombastische Denkmal zu klein war. Es wurden auf königliche Rechnung **Unmengen an Materialien** bestellt (und teilweise unter der Hand gewinnbringend weiterverkauft!) und 14 Jahre nach Beginn des Projekts war der reitende König endlich fertig.

Das Standbild wog **22 Tonnen** und über 200 Soldaten zogen es auf einem eigens konstruierten Schlitten von der Gießerei am Kongens Nytorv zu seinem heutigen Standort. Bei der Einweihung 1771 war der Auftraggeber Frederik V. schon fünf Jahre tot und die Kosten des Denkmals waren explodiert: Es hatte am Ende **mehr gekostet als die vier Amalienborger Palais zusammen!**

auf der Insel Fünen. Nur wenig später einigte sich die Königsfamilie mit den Moltkes und den **Schacks**, den Besitzern des östlich angrenzenden Palais, über den Kauf ihrer Stadtpaläste. Noch heute sind die beiden ersten vom König erworbenen Palais deutlich erkennbar: Nach dem Einzug der Royals wurde ein **Verbindungstor** geschaffen, das einen Übergang von dem einen zum anderen Gebäude ermöglichte, ohne dass sich die Royals für die Straßenüberquerung in Schale werfen mussten.

Mit dem Erwerb der **Palais Brockdorff** und **Levetzau** in den folgenden Jahren waren schließlich alle vier Gebäudeteile in den Händen des Königs und Schloss Amalienborg wurde zum Zentrum des Reiches – eine Rückkehr nach Christiansborg wurde nie ernsthaft in Erwägung gezogen.

Über die Jahrzehnte änderte sich die Nutzung der jeweiligen Gebäude mehrfach. Der frisch inthronisierte **König Frederik X.** wohnt heute mit seiner aus Australien stammenden Königin Mary und den vier royalen Kindern im Palais Brockdorff. Um festzustellen, ob „die Königs" zu Hause sind, braucht man nicht zu klingeln, denn dann weht nämlich die königliche Flagge auf dem Dach des Gebäudes. Die abgedankte Königin Margrethe II. bewohnt – wie auch schon zu ihrer aktiven Regentschaft – das Palais Schack. Das Palais Moltke dient als Gästewohnung für hohe Staatsgäste und das Palais Levetzau beherbergt das **Amalienborg Museum**. Die

Wachwechsel der königlichen Ehrengarde

Täglich um Punkt 12 Uhr findet in Amalienborg (16) der Wachwechsel statt, was immer viele neugierige Besucher anzieht. Dabei gibt es drei unterschiedliche Arten des soldatischen Austauschs:

- **Königswachwechsel:** Befindet sich König Frederik X. im Schloss, wird das ganz große Rad gedreht. Dutzende Soldaten in Paradeuniform, begleitet von einem imposanten Musikkorps, marschieren dann im Stechschritt über den Platz.
- **Leutnantwachwechsel:** Ist der König selbst nicht anwesend, aber mindestens Königin Margrethe II. (die den Königinnen-Titel auch nach der Abdankung behält) oder Kronprinz Christian, dann erscheint ein mittelgroßes Soldatenregiment mit Musikbegleitung.
- **Palaiswachwechsel:** Das ist die bescheidenste Form des mittäglichen Wachwechsels und findet statt, wenn kein royales Haupt in den Gemächern des Schlosses verweilt. Dieses Prozedere findet gänzlich ohne musikalische Begleitung statt.

permanente Ausstellung zur Königsfamilie und zum Schloss wird durch wechselnde Präsentationen ergänzt.

- **Amalienborgmuseet**, Palais Levetzau, Amalienborg Slot, Metro: Kongens Nytorv, www.kongernessamling.dk, Tel. 33122186, geöffnet: Ende Juni–Aug. tägl. 10–17, Sept.–Ende Juni zumeist Di.–So. 10–15/16 Uhr, Eintritt: Erwachsene 125 kr (Kombiticket Rosenborg (18) und Amalienborg 215 kr, Gültigkeit zwei Tage), bis 17 Jahre frei

(17) Frederikskirche/ Marmorkirche ★★ [D3]

Große Projekte werden nur selten pünktlich fertiggestellt, aber der Bau der „Marmorkirche" ist diesbezüglich absolut rekordverdächtig: Zwischen Baubeginn und Einweihung des Gotteshauses lagen 145 Jahre!

Im Zusammenhang mit der Erbauung des Schlosses Amalienborg (16) wurde auch ein **pompöser Dom** geplant, der das eine Ende der Sichtachse vom Hafen über das Reiterstandbild Frederiks V. darstellen sollte. Die ursprüngliche Idee ging von einer **gigantischen Kuppel** mit 45 m Durchmesser aus (heute 31 m) und das Bauwerk sollte aus **kostbarem Marmor** errichtet werden. Thronfolgen, veränderte Prioritäten und, nicht anders als heute, Geldmangel führten im letzten Drittel des 18. Jh. zu einem **kompletten Baustopp.**

Fast 100 Jahre befand sich auf dem Areal somit eine Bauruine und trotz vielversprechender neuer Pläne scheiterte der Weiterbau immer wieder an den fehlenden Mitteln. Erst als der Großindustrielle und Bankier **Carl Frederik Tietgen 1874** das Grundstück mit der Kirchenruine vom Staat erstand, ging der Bau weiter. Tietgen war neben seiner überaus erfolgreichen unternehmerischen Tätigkeit – er gründete Reedereien, Eisenbahngesellschaften, Kommunikationsunternehmen und auch die Tuborg-Brauerei – ein ausgesprochen frommer Mann. Dank seines Engagements und Geldes konnte die „Marmorkirken" (Marmorkirche), die zu großen Teilen **aus Sandstein** besteht, **1894 eröffnet** werden.

Im Inneren wird der Besucher von einem **kreisrunden Kirchenschiff** empfangen. Die mächtige Kuppel

029kn Abb.: ld

ruht auf **zwölf massiven Säulen** und beim Blick nach oben entdeckt man über der Fensterreihe **aufwendige Verzierungen** und **Malereien** – jedoch immer protestantisch schlicht.

› **Frederiks Kirke,** Frederiksgade 4, Metro: Kongens Nytorv, Tel. 33150144 (Mo.–Do. 11–12 Uhr), www.marmorkirken.dk, geöffnet: Mo.–Sa. 10–17, So. 12.30–17 Uhr (Gottesdienste So. 10.30 Uhr), Eintritt frei, Kuppelbesteigung im Sommer tägl. 13 Uhr, Winter Sa., So. 13 Uhr (50 kr, unter 13 Jahren frei)

18 Schloss Rosenborg und Königlicher Garten ★★★ [C3]

Die funkelnde Königskrone Christians V., der goldene Reichsapfel oder der Krönungsdegen Frederiks III. – diese und viele andere royale Insignien können in der Schatzkammer des Schlosses Rosenborg besichtigt werden.

Der dänische Monarch **Christian IV.** war ein ausgesprochen umtriebiger Bauherr und noch heute zeugen viele Bauwerke von seinen Aktivitäten. Anfang des 17. Jahrhunderts ließ er ein Areal, das genau an die Befestigungsanlagen der Stadt angrenzte, großflächig räumen und die Häuser abreißen. Der König benötigte eine **grüne Ruheoase** am Rande der pulsierenden Stadt. Die gewonnene Fläche wurde umgehend in eine **zeitgenössische Parkanlage** umgewandelt, die sich durch eine strikte geometrische Gestaltung auszeichnete. Innerhalb des Parks wurde ein **bescheidener, zweistöckiger Pavillon** errichtet, der dem König als angenehmes Ausweichquartier in Stadtnähe dienen sollte.

Doch Bescheidenheit und Kontinuität waren keine Kardinaltugenden des jungen Königs. Mehrfach wurde der Pavillon ausgebaut und erreichte in den 1630er-Jahren ungefähr seine heutige Ausgestaltung: Aus dem Pavillon war ein **üppiges Schloss** geworden, das, ähnlich wie die Börse (s. S. 23) oder andere Gebäude dieser Epoche, im Stil der Niederländischen Renaissance erstrahlte.

⌃ *In der Schatzkammer von Schloss Rosenborg werden die dänischen Kronjuwelen ausgestellt*

› *Ein stattlicher Löwe wacht über den Königlichen Garten*

030kn Abb.: ld

Bis Anfang des 18. Jahrhunderts diente Rosenborg als Wohnsitz dänischer Monarchen und das Interieur wurde seitdem nicht modernisiert. Somit betritt der Besucher heute ein Bauwerk, das quasi wie in einer 300 Jahre alten Zeitkapsel überdauert hat. Die **historischen Räumlichkeiten** mit ihren prachtvollen Malereien und Wanddekorationen, kostbaren Einrichtungsgegenständen und Möbeln, aber auch alltäglichen Gebrauchsgegenständen wie den Kinderstühlen der späteren Regenten können besichtigt werden.

Höhepunkt ist der Besuch der **Schatzkammer** mit den **dänischen Kronjuwelen**, die alljährlich zum Neujahrsempfang oder bei wichtigen offiziellen Anlässen von der Königin getragen werden.

Der Königliche Garten diente anfangs nicht nur als Ruheoase, sondern auch als **Anbaufläche für Früchte, Gemüse oder Blumen**, die bei Hofe benötigt wurden. Im Gegensatz zum Schloss Rosenborg kann man an den Umgestaltungen der Parkanlage die jeweils aktuelle Mode eins zu eins ablesen. Von der **Renaissance** über die **Barockzeit** mit akkurat getrimmten Alleen aus Linden, die die Gehwege zu regelrechten Hohlwegen umformten, bis hin zur **Romantik**, die sich englische Gartenanlagen zum Vorbild nahm, sind alle landschaftsgestalterischen Vorlieben im **Kongens Have** zu finden. Besonders die großen, offenen Rasenflächen sorgen noch heute für die Popularität des ältesten Parks der Stadt: In den Sommermonaten treffen sich die Kopenhagener hier und breiten ihre Decken aus, picknicken oder lesen ein Buch.

› **Rosenborg Slot,** Øster Voldgade 4A, Metro und S-Bahn: Nørreport, Tel. 33153286, www.kongernessamling.dk, geöffnet: Ende März–Okt. tägl. 10–17, Nov.–Ende März Di.–So. 10–16 Uhr. Eintritt: 140 kr, Kombiticket Rosenborg und Amalienborg (16) 215 kr (Gültigkeit zwei Tage), bis 17 Jahre frei. **Achtung:** Im Sommer empfiehlt sich eine Online-Reservierung mit entsprechendem Zeitfenster, da Rosenborg bei Touristen ausgesprochen populär ist.

19 Botanischer Garten ★★ [B2]

Der Botanische Garten, der größte Dänemarks, besteht aus drei Teilen: der klassischen Gartenanlage mit unzähligen Pflanzen und Gewächsen, dem Botanischen Museum mit getrockneter und konservierter Flora sowie der Botanischen Bibliothek mit gesammelter Fachliteratur.

Seit 1874 lädt der Botanische Garten der Universität Kopenhagen zum Flanieren und Staunen ein. Dabei steht im Gegensatz zu gewöhnlichen Parkanlagen das **biologische Interesse** im Vordergrund und folglich sind Aktivitäten wie Radfahren, Joggen oder Picknicken nicht zugelassen.

Besonderer Besuchermagnet ist das **riesige Palmenhaus** aus den 1870er-Jahren. Mit dem Londoner Chrystal Palace als architektonisches Vorbild ragt es optisch wie auch inhaltlich aus der Gartenanlage heraus. In fünf unterschiedlichen Abteilungen mit **entsprechenden Mikroklimata** wachsen und gedeihen hier tropische und subtropische Palmen, exotische Nutzpflanzen wie Kaffee und Passionsfrucht oder Mangrovenbäume. Über eine Wendeltreppe gelangt man sogar hoch über die Baumkronen und kann das wild wuchernde Grün von oben betrachten. Ein echtes Erlebnis.

› **Botanisk Have,** Øster Farimagsgade 2B, Eingang über Gothergade 128 (Haupteingang) oder Øster Farimagsgade 2C (Nebeneingang), Metro: Nørreport, Tel. 35322222, https://snm.ku.dk/botanisk-have, geöffnet: April–Sept. tägl. 8.30–18, Okt.–März 8.30–16 Uhr, Palmenhaus April–Sept. Di.–So. 10–17 Uhr (Juli/Aug. auch Mo.), Okt.–März Di.–So. 10–15.30 Uhr, Eintritt Palmenhaus 70 kr (Kinder bis 17 Jahre 40 kr)

20 Dänische Nationalgalerie ★★ [C2]

Einen Rundgang durch 700 Jahre Kunstgeschichte in den Bereichen Malerei, Bildhauerei, Fotografie oder moderne Installationskunst ermöglicht einem das Statens Museum for Kunst.

In der Nationalgalerie wurden **private Sammlungen, staatliche Kollektionen** und viele **Kunstwerke aus dem Königshaus** gebündelt. Nur wenige Jahre nach Eröffnung des Museums im Jahr 1896 war das Gebäude dann auch schon wieder zu klein geworden und ein Teil der königlichen Abgusssammlung wurde ausgelagert. In den 1990er-Jahren bestand trotz diverser weiterer Auslagerungen im Lauf der Zeit massiver Handlungsbedarf: Der Platz für die **ca. 9000 Bilder und Skulpturen** war schlichtweg nicht ausreichend. Das historische Hauptgebäude wurde deshalb mit einem **großzügigen, modernen Anbau** erweitert und die beiden Flügel durch einen gläsernen Skulpturengang miteinander verbunden. Mit dem 1998 eröffneten Anbau wurde das Platzproblem (zumindest für den Moment) gelöst.

Für Kunstfreunde jeglicher Couleur ist der Besuch des SMK ein absolutes Muss. In der **Königlichen Malerei- und Skulpturensammlung** trifft man auf klassische Namen wie Titian, Rubens oder Rembrandt, neuere Ikonen wie Picasso, Matisse oder Emil Nolde oder zeitgenössische dänische Künstler wie Kirkeby oder Elmgreen und Dragset. In der **Königlichen Kupferstichsammlung,** in der auch Zeichnungen, Grafiken, Fotografien u.Ä. gezeigt werden, kann man allein schon Stunden verbringen. Über 300.000 Exponate zählt der Fundus und reicht von Werken Dürers bis zur Fotografie des 20. Jahrhunderts.

Neben den berühmten Dauerausstellungen wird das Angebot immer wieder durch **spektakuläre Sonderpräsentationen** ergänzt. So wird z. B. im Winter 2024/2025 eine exklusive Käthe-Kollwitz-Ausstellung präsentiert. Nach all der geballten Kunst bietet das **Museumscafé** mit seiner großen Glasfront eine lichtdurchflutete Pausenmöglichkeit und im angeschlossenen **Museumsshop** kann man Poster oder dekorative Bildbände erstehen.

› **Statens Museum for Kunst,** Sølvgade 48–50, Metro: Nørreport oder Østerport, Tel. 33748494, www.smk.dk, geöffnet: Di.–So. 10–18, Mi. bis 20 Uhr, Eintritt: 130 kr, unter 18 Jahren frei

21 Kastell ★★ [E1]

Am 9. April 1940, nach der Sprengung des nördlichen Tores, ist das Kastell von Kopenhagen als eines der ersten Areale Dänemarks von der Wehrmacht besetzt worden. Der ehemalige Reichsbevollmächtigte für Dänemark, Werner Best, war fünf Jahre später aber auch der letzte Gefangene, der je im Kastellet inhaftiert war.

Zum Glück waren die deutsche Invasion und anschließende Besetzung Dänemarks das letzte Kapitel in der kriegerischen Geschichte dieser militärischen Befestigungsanlage. Im 17. Jahrhundert von Christian IV. als **Sankt Annæ Skanse** errichtet, sollte die Anlage in den kommenden Jahrhunderten immer weiter ausgebaut und den militärischen Notwendigkeiten angepasst werden. In dieser Zeit bildete das Kastell zweimal das **Kernstück der Kopenhagener Stadtverteidigung:** während der schwedischen Belagerung 1658 bis 1660 (erfolgreich) und 1807 bei einem englischen Flottenangriff (erfolglos).

Nach Ende des Zweiten Weltkriegs und wegen des technischen Fortschritts war das Kastell **als militärische Verteidigungsbastion obsolet geworden.** Trotzdem beherbergt es bis heute diverse **Einrichtungen der dänischen Armee.** Die friedliche Gegenwart spiegelt sich aber darin wider, dass Mütter mit ihren Kinderwagen gemütlich über das Militärareal flanieren und Kinder auf den alten Wallanlagen herumtollen.

Neben den **historischen Kasernen,** dem **Kommandeursgebäude,** der **Kirche** und der **alten Windmühle** steht in der nordöstlichen Ecke, der Prinzessinnen-Bastion, ein **Denkmal für die internationalen Militäreinsätze Dänemarks,** an das auch ein kleines Infozentrum angeschlossen ist. Die komplette Königsfamilie war bei Einweihung 2011 anwesend und untermauerte so ihre Solidarität mit den dänischen Truppen.

› **Kastellet,** S-Bahn oder Metro: Østerport, Buslinie 1A, Haltestelle: Esplanaden/Grønningen (von dort ca. 200 m durch den Park bis zum südlichen Eingang), www.forsvaret.dk/da/side/kastellet, Eintritt frei, geöffnet: tägl. 6–22, im Winterhalbjahr bis 20 Uhr

22 Kleine Meerjungfrau ★★ [F1]

Klein, aber oho! Sie ist gerade einmal 1,25 m groß, wiegt 175 kg und trotzdem (oder gerade deshalb) ist sie das bekannteste Wahrzeichen Kopenhagens, ja sogar ganz Dänemarks.

Die Kleine Meerjungfrau ist **klein, zierlich** und **unbekleidet** und trotzt seit über 110 Jahren allen Wetterunbilden. **Seit dem 23. August 1913**

Hans Christian Andersen: Leben und Werk

Hans Christian Andersen ist der berühmteste Däne der Neuzeit. Selbst Menschen, denen sein Name nichts sagt, kennen zumindest einige seiner Werke. **Neben Romanen, Gedichten und Reiseberichten** beruht sein Ruhm vor allen Dingen auf seinen **Märchen,** von denen er über 160 zu Papier brachte. Ob es nun „Die kleine Meerjungfrau", „Der standhafte Zinnsoldat", „Die Prinzessin auf der Erbse" oder „Das hässliche Entlein" ist – heute gebräuchliche Redewendungen, die wir allein Hans Christian Andersen verdanken –, fast jeder hat schon einmal von diesen Geschichten gehört, sie gelesen oder eine der unzähligen Verfilmungen gesehen. Andersens Märchen haben **weltweite Verbreitung** erfahren und sind in über 150 Sprachen übersetzt worden. Schon zu Lebzeiten war er eine Legende.

Dabei hatte er alles andere als ideale Startvoraussetzungen. Andersen wurde 1805 in ausgesprochen **ärmlichen Verhältnissen** in **Odense** auf der dänischen Insel Fünen geboren. Sein Vater war einfacher Schuster und seine deutlich ältere Mutter arbeitete als Hausmädchen. Obwohl der Vater starb, als Hans Christian noch ein Kind war, erhielt er eine **einfache Schulausbildung,** die **vom dänischen König finanziert** wurde, was von einigen Biografen als Indiz für eine mögliche geheimgehaltene, „blaublütige" Vaterschaft angesehen wird. Andere Forscher verweisen diesen Ansatz in das Fabelreich.

Bereits als Kind war Andersen darauf angewiesen, sich teilweise selbst durch einfache **Handlangertätigkeiten** zu finanzieren. Im Alter von 14 Jahren strebte er nach neuen, unbekannten Horizonten und machte sich mit einer Postkutsche auf den Weg in die **Hauptstadt.** Über Bekannte aus Odense kam er in Kontakt mit einflussreichen Persönlichkeiten Kopenhagens. Nach einem Vorsingen in der Gesangsschule des Königlichen Theaters erhielt er sogar ein kleines **Stipendium,** um sein **musisches Talent** zu fördern, doch der einsetzende **Stimmbruch** und sein limitiertes Können setzten der Sangeskarriere ein schnelles Ende. Auch als **Tänzer** und später als **Schauspieler** scheiterte er trotz intensivster Bemühungen. Als letzte Chance für eine kreative Tätigkeit blieb nur **das Schreiben.** Obwohl der Entwurf eines Theaterstücks vom Direktor des Königlichen Theaters, **Jonas Collin,** abgelehnt wurde, meinte dieser doch eine Begabung bei dem jungen **Schriftsteller** entdeckt zu haben. Mit Collins Hilfe erhielt H. C. Andersen ein **royales Stipendium.** Mit dieser finanziellen Unterstützung im Rücken schloss Andersen in den folgenden Jahren eine

hockt die zarte Nixe auf einem Felsen, der nur wenige Meter vom Ufer entfernt im Kopenhagener Hafenbecken liegt. Der **Carlsberg-Gründer Carl Jacobsen** war ein großer Anhänger des Autors **Hans Christian Andersen,** der unter anderem das Märchen „Die Kleine Meerjungfrau" verfasst hat. Jacobsen war allerdings mindestens ebenso sehr von der **Primaballerina Ellen Price** begeistert, die auf der Bühne des Königlichen Theaters die Meerjungfrau im gleichnamigen Ballettstück verkörperte. Zwei Fliegen mit einer Klappe schlagend, beauftragte er den bekannten Bildhau-

höhere Schulbildung ab. Wenig später veröffentlichte er seine ersten Texte, schaffte den Durchbruch und war nicht mehr auf spendable Gönner angewiesen. Es folgten **über 30 Auslandsreisen** in die benachbarten skandinavischen Staaten, nach Deutschland, Italien, Spanien, Portugal und Großbritannien, wo er den berühmten **Charles Dickens** kennenlernte, mit dem ihn fortan eine lebenslange Freundschaft verband.

So erfolgreich seine schriftstellerische Tätigkeit auch war, im **Privatleben** war Andersen – wie er auch in seiner Autobiografie „Das Märchen meines Lebens ohne Dichtung" andeutete – nie wirklich glücklich. Die angebeteten Damen erwiderten sein Werben nicht und auch die verehrten Männer waren eher heterosexueller Orientierung.

H. C. Andersen starb ohne Nachkommen 1875 in Kopenhagen. Den **Trauermarsch** zu seiner Beerdigung hatte er noch kurz vor seinem Tod komponieren lassen. „Die meisten Menschen, die meinem Sarg folgen, werden Kinder sein. Deshalb passe den Takt an kleine Schritte an", gab er dem Komponisten als Arbeitsanweisung mit auf den Weg. Dieser letzte Weg führte ihn auf den **Assistens Kirkegård** 36, wo er in einem umzäunten Grab seine letzte Ruhestätte fand (im Sektor P, im Südwesten des Friedhofs gelegen).

er **Edvard Eriksen**, eine Meerjungfrauenskulptur nach dem Abbild von Price zu erschaffen. Da sich Letztere aber weigerte, dem Künstler nackt Modell zu sitzen, wurde nur ihr Kopf als Vorbild genommen. Den bronzenen Körper modellierte Eriksen schließlich ganz nach seiner Frau Elin.

031kn Abb.: mw

Die bekannteste Dänin aller Zeiten trotzt seit über 100 Jahren allen Wetterunbilden und touristischen Blitzlichtgewittern

Schnell wurde die Skulptur ein absoluter Publikumsliebling. Aber nicht alle waren gleichermaßen von der nackten Dame begeistert. Ob es Ablehnung oder schiere Provokation war, ließ sich nie feststellen, doch im Jahr 1964 wurde die **Lille Havfrue** erstmalig in einer nächtlichen Aktion **geköpft.** Die dänische Öffentlichkeit war aus dem Häuschen. Trotz intensivster Polizeiarbeit konnten der oder die Täter nie ermittelt werden, wenngleich viel auf eine Gruppe dänischer

Aktionskünstler als Enthaupter hinwies. In den folgenden Jahrzehnten war die zierliche Dame immer wieder **Opfer von Anschlägen**. Sie wurde mit Farbe besprüht, ihr wurde ein Arm amputiert, sie wurde mit Dynamit gleich ganz vom Sockel gepustet oder von radikalen Feministinnen mit einer Penisattrappe „verziert". Seit ihr **hohler Bronzekörper** gegen Ende der 1990er-Jahre **mit Beton ausgegossen** wurde, sind ihr keine Körperteile mehr abhandengekommen. Und zum Glück existiert, von den Erben des Bildhauers an einem geheimen Ort versteckt, noch eine **Originalform** der Meerjungfrau, sodass bei neuerlichen Attacken eine Blaupause für eine Reparatur bereitliegt.

2010 „verreiste" die alte Dame nach einer emotional geführten Diskussion für sechs Monate nach China und schmückte dort auf der **Weltausstellung** in Shanghai den dänischen Pavillon.

Auch wenn die *Lille Havfrue* bereits 2013 ihren 100. Geburtstag feierte, steht sie weiterhin im Fokus der Öffentlichkeit: Ob von Öko-Aktivisten blutrot bemalt (2017), um gegen Walfang auf den Färöer-Inseln zu protestieren, oder von Putinfreunden in den Farben der russischen Fahne beschmiert (2023) – die mediale Aufmerksamkeit ist stets garantiert.

› **Den lille Havfrue,** Langelinie Kai, Buslinie 27, Haltestelle: Indiakaj oder Metro: Østerport (von dort 15 Min. Fußweg)

Christianshavn, Holmen, Refshaleøen und Amager

Der Wandel Christianshavns vom Kaufmannsviertel und Militärareal über Industrie-, Arbeiter- und Armenviertel zu einem exklusiven Wohnquartier vollzog sich über knapp 400 Jahre. Allen historischen Unbilden zum Trotz ist das Gros der historischen Bauten erhalten geblieben und macht das auf einer Insel gelegene Viertel mit dem Freistaat Christiania in seinem Zentrum bei Einheimischen wie Besuchern extrem beliebt.

Holmen war lange Zeit durch Industrie und Schiffsbau geprägt und wandelt sich seit Ende der 1990er-Jahre zu einem durchmischten Areal mit der Oper als architektonischem Leuchtturm. Amagers Wohnviertel aus massigen Backsteinbauten stellen eine Zeitreise in die Zeit um 1900 dar. Die Arbeiterwohnungen wurden saniert und sind heute bei der Mittelschicht populär.

23 Islands Brygge ★★★ [fn]

Wohnen in ehemaligen Soja-Silos, Schwimmen am vormaligen Verladeterminal, Kaffeetrinken im alten Warenhaus: Islands Brygge ist ein Paradebeispiel für die gelungene Transformation eines verfallenen Industriequartiers zu einem lebenswerten, zentral gelegenen Wohnviertel.

Um 1900 begann der rasante Aufstieg des bis dahin weitgehend unbebauten Areals. Die Hafenkapazitäten in Kopenhagen konnten dem anwachsenden Personen- und Güterverkehr nicht mehr Herr werden und neue Pieranlagen wurden dringend benötigt. Durch massive **Erdaufschüttungen** entstand neue Landfläche und Baggerschiffe sorgten vor der entstehenden Kaianlage für tiefes Wasser. Neben **militärischen Einrichtungen** siedelten sich in den ersten Dekaden des 20. Jahrhunderts viele **Industriebetriebe** in dem boomenden Viertel an.

Nach dem Zweiten Weltkrieg ging es mit dem Viertel Stück für Stück abwärts. Besonders in den **1970er-/1980er-Jahren** schlossen viele unrentable Betriebe und der größte existierende Arbeitgeber, die Dänische Sojafabrik, die zeitweise 1200 Beschäftigte auf ihren Lohnlisten führte, beendete seine Aktivitäten hier 1991 und zog fort. Mitte der 1990er-Jahre war der **Tiefpunkt** erreicht, Islands Brygge war zu einem der unattraktivsten Wohnviertel der Stadt verkümmert und verfallene Großsilos und Schornsteine ragten in den Himmel. **Steigende Immobilienpreise** in der Hauptstadt und die **zentrale Lage** des Areals führten dann zu innovativen, mutigen Plänen und zu einer kaum vorauszusehenden **Wiederauferstehung.** Die Industrie-Hinterlassenschaften wurden neu bewertet und die Stahlbetonkerne der Soja-Silos dienen den Bewohnern heute als Treppenhaus. **Gemini Residence** nennt sich das Vorzeigeprojekt postmoderner Architektur mit viel Stahl und noch mehr Glas. Anderen Wohnkomplexen sieht man die ursprüngliche Verwendung ebenfalls nicht mehr an, aber in Namen wie **Wennbergsiloen** oder **Pressesiloen** lebt die Geschichte fort. Die eisernen Schienen der Hafenbahn, die sich tief in das raue Kopfsteinpflaster des alten Hafens hineingedrückt haben, wurden ebenso erhalten wie viele Backsteinbauten aus der ersten Hälfte des letzten Jahrhunderts. Die **Bevölkerungsentwicklung** rund um den Island-Kai zeigt exemplarisch die Boom- und die Depressionsphasen: 55 offizielle Einwohner im Jahr 1905, 20.000 im Jahr 1931, 6400 im Jahr 1994 und 16.000 im Jahr 2023.

032kn Abb.: ld

Vom nördlichen Ende des Quartiers, das von der Brücke Langbro gebildet wird, sticht einem sofort das **Havnebade** – das **Meeresschwimmbad Islands Brygge** – ins Auge. An sommerlichen Tagen tummeln sich hier die Hauptstädter und hüpfen vom Sprungturm ins klare Hafenwasser. Fünf Bassins, davon zwei für Kinder mit einer Wassertiefe von 0,3 bzw. 1,2 m, ein 75 m langes Schwimmbecken und ein Sprungbecken mit 1-, 3- und 5-Meter-Turm stehen dem Besucher zur Verfügung. Und damit niemand zu Schaden kommt, wachen in der sommerlichen Badesaison sogar Rettungsschwimmer über die Wasserratten. Es dürfte nur wenige Großstädte weltweit geben, deren Wasserqualität zum Ba-

Aus Alt mach Neu: Wohnhäuser in Islands Brygge

⌃ *Populäre Orte der Freizeitgestaltung im Sommer: die Hafenschwimmbäder*

den einlädt und die mit einem solch attraktiven Schwimmbad gesegnet sind – also keinesfalls verpassen!

S2 [B7] **Havnebad Islands Brygge**, Islands Brygge 14, Tel. 30890469, https://svoemkbh.kk.dk/islands-brygge, Metro: Islands Brygge, geöffnet: tägl. 6–22 Uhr (Aufsicht von Bademeistern Juni–Aug. 10–18 Uhr), Eintritt frei, Infos zum Winterschwimmen unter www.vinterbadbryggen.com

Zusätzlich gibt es in Kopenhagen zwei weitere Meeresschwimmbäder, die zwar weniger bekannt, jedoch nicht weniger attraktiv sind:

S3 [en] **Fisketorvet Havnebad,** Kalvebod Brygge 55, Tel. 30890470, https://svoemkbh.kk.dk/fisketorvet, geöffnet: tägl. 6–22 Uhr (Aufsicht von Bademeistern Juni–Aug. 10–18 Uhr), Eintritt frei

S4 **Sluseholmen Havnebad,** Ben Websters Vej 69, Tel. 23612089, https://svoemkbh.kk.dk/sluseholmen, geöffnet: tägl. 6–22 Uhr (Aufsicht von Bademeistern Juni–Aug. 10–18 Uhr), Eintritt frei

Integraler Bestandteil des Viertels ist auch das **Kulturhuset.** Konzerte von Jazz bis Indie-Rock, Theater, Kabarett und Tanzveranstaltungen sowie spezielle Kinderveranstaltungen sind im Kalender des K-I-B zu finden. Ausgesprochen beliebt ist das ebenfalls hier untergebrachte Café und Restaurant Bryggens Spisehus (s. S. 45). Von der Terrasse aus hat man einen wunderschönen Blick über die Skyline der Stadt.

•5 [fn] **Kulturhuset Islands Brygge (K-I-B),** Islands Brygge 18, Metro: Islands Brygge, Tel. 33664700, https://kulturhusetislandsbrygge.kk.dk

Die **Bryggebroen**, eine elegante, 190 m lange, **schneeweiße Brücke,** verbindet die „wiederauferstandenen“ Quartiere Islands Brygge und Kalvebod Brygge (mit dem **Einkaufszentrum Fisketorvet**). Die moderne Wasserquerung – symbolisch für die Verkehrspolitik der Stadt – ist ausschließlich **für Fußgänger** und **Radfahrer** errichtet worden. Das 6,5 Mio. Euro teure Bauwerk war bei der Eröffnung 2006 der erste Brückenneubau in Kopenhagen seit 50 Jahren. Heute

Bjarke Ingels Visionen sind BIG

Das **Meeresschwimmbad Islands Brygge** war eines der ersten umgesetzten Projekte des dänischen Architekten **Bjarke Ingels.** Mit seinem belgischen Kollegen Julien de Smedt hatte er 1999 das Unternehmen **PLOT** gegründet und die beiden machten mit ihren Entwürfen schnell Furore. Als „jung, frisch, unverbraucht" wurden ihre Pläne charakterisiert – kein Wunder: Ingels ist Jahrgang 1974. Andere Architekten benötigen viele Jahre, wenn nicht Jahrzehnte, um sich in der hart umkämpften Szene einen Namen zu machen – Ingels startete sofort nach Ende seines Studiums durch. Seine Entwürfe zeichnen sich durch **freche und visionäre Ideen** aus, die trotzdem keine utopischen Spinnereien darstellen, sondern ganz **pragmatisch** realisiert werden können. Trotz vieler Auszeichnungen und Architekturpreise löste sich PLOT 2006 auf und der Däne nannte sein neues Unternehmen **Bjarke Ingels Group,** kurz und wenig bescheiden: **BIG.** Das neuste Kopenhagener Projekt des Architektur-Genies hat im im Winter 2018/2019 seinen Betrieb aufgenommen: eine gigantische **Müllverbrennungsanlage** namens **CopenHill,** auf deren schrägem, 85 Meter hohen Dach eine **Skipiste** zu urbanen Abfahrten mit Meeresblick einlädt – Wahnsinn, oder wie Ingels es ausdrückt: „Yes is more".

★**6** [G3] **CopenHill,** Vindmøllevej 6, www.copenhill.dk, tägl. geöffnet, jedoch saisonal wechselnde Zeiten. Auffahrt zur Aussichtsplattform per Fahrstuhl gratis. Weiterführende Infos zu Bjarke Ingels globalen Projekten erhält man auf der Website www.big.dk.

wird sie täglich von 14.000 Radfahrern und Fußgängern genutzt und lädt zu einem beschaulichen Spaziergang über den Kopenhagener Hafen ein.

MEIN TIPP

Bryggens Spisehus

Zur Stärkung zwischendurch oder nach ein paar Bahnen im Hafenschwimmbad kann man im Bryggens Spisehus einkehren. Hier genießt man leckere Gerichte mit Blick aufs Wasser. Insbesondere das Tagesgericht und das Brunch-Büfett am Wochenende (10–13 Uhr) sind zu empfehlen.

7 [fn] **Bryggens Spisehus** €€, Islands Brygge 18, Metro: Islands Brygge, Tel. 31215949, www.bryggens.dk, geöffnet: Mo.–Fr. 8–22, Sa., So. 9–22 Uhr

24 Erlöserkirche ★★ [E6]

Seit über 270 Jahren schraubt sich der vergoldete „Korkenzieherturm" der Vor Frelsers Kirke in den dänischen Himmel. Nach 400 Stufen und viermaliger Umrundung des Turms hat man in fast 90 Meter Höhe den verdienten Ausblick über Stadt und Land.

Es gab **vier erfolglose Bauanläufe,** bis die Erlöserkirche 1696 schließlich eingeweiht wurde und das neue Stadtviertel Christianshavn endlich seine eigene Kirche besaß. Der **charakteristische Turm** wurde erst über 50 Jahre später fertiggestellt. Der ausgesprochen schlammige und weiche Untergrund, finanzielle Engpässe und architektonische Differenzen waren für die lange Bauzeit ver-

035kn Abb.: ld

antwortlich. Somit ist es auch kein Wunder, dass das Kirchengebäude und der Turm von **zwei unterschiedlichen Architekten** – Lambert van Haven (Kirche) und Lauritz de Thurah (Turm) – konzipiert wurden. Gekrönt wird der Turm von einem **goldenen Globus** und einer **Christusfigur**, die vom Volksmund als die „hässlichste Statue der Stadt" bezeichnet wird. Die Proportionen sind aus der Nähe gesehen absolut misslungen, aber von der Bodenperspektive fällt das nicht auf und war angeblich sogar so gewollt. Selbst in der Weltliteratur taucht der berühmteste Kirchturm der Stadt auf: **Jules Verne**, der die Kirche 1861 besucht hatte, baute ihn in die Handlung von „Die Reise zum Mittelpunkt der Erde" ein. Während der Hauptakteur des Romans, Professor Otto Lidenbrock, auf seine Schiffspassage nach Island wartet, besteigt er mit seinem Neffen den Turm, um die Höhenangst des jungen Mannes zu besiegen.

Im Inneren der weiß getünchten Kirche zieht der **aufwendig gestaltete Altar**, entworfen von Nicodemus Tessin, der auch am Bau des Stockholmer Stadtschlosses mitwirkte, fast alle Blicke auf sich. Die fein gearbeiteten Engelsfiguren, Jesus, der den Krug an sich vorbeiziehen lassen möchte, sowie das Gros des Gesamtaltars sind aus feinstem Marmor gearbeitet. Das **massive Gewicht** sorgte anfangs dafür, dass der Altar im weichen Untergrund zu versinken drohte. Erst erneute Stützungs- und Entwässerungsbemühungen sorgten für die nötige Standfestigkeit.

Anmerkung für mutige Turmbesteiger: Das Geländer im Außenbereich des Turms ist an einigen Stellen nur hüfthoch und deutsche TÜV-Prüfer würden sich vor Entsetzen vermutlich direkt vom Turm stürzen. Deshalb sollte man **absolut schwindelfrei sein**, wenn man ganz nach oben möchte!

› **Vor Frelsers Kirke,** Sankt Annægade 29, Metro: Christianshavn, Tel. 32546883, www.vorfrelserskirke.dk, geöffnet: tägl. 11–15.30 Uhr, Eintritt frei

› **Turmbesteigung:** tägl. 9–20 Uhr. An sehr windigen Tagen ist der Turm geschlossen. Eintritt: 69 kr, Kinder 5–14 Jahre 20 kr. **Achtung:** Fr.–Mo. 10–17 Uhr ist ein Online-Ticketkauf mit Reservierung eines Zeitfensters verpflichtend.

25 Freistaat Christiania ★★★ [F6]

Im September 1971 schnitten Bewohner des Stadtteils Christianshavn ein Loch in den Zaun des angrenzenden, verlassenen Militärgeländes. Sie wollten ihren Kindern damit eine vom Autoverkehr geschützte Spielfläche schaffen. Dass dieses Loch das Startsignal für eine unglaubliche Entwicklung sein sollte, konnte damals niemand ahnen.

Die wenigen militärischen Wachposten waren völlig überfordert, als in den kommenden Wochen und Monaten immer größere Areale des 90.000 m² großen Armeeterritoriums von Nachbarn und Bewohnern okkupiert wurden. **Selbstbestimmung, Antikapitalismus und Anarchismus** waren die Parolen der Besetzer. In einem Depot fanden sie große Mengen an roter und gelber Farbe und die **rote Fahne mit drei gelben Punkten** – je nach Interpretation stehen sie für die drei „i" in Christiania oder für Liebe, Frieden und Harmonie – wurde schnell zum Symbol des selbst ausgerufenen **Freistaates Christiania.**

Die ehemaligen **Hallen und Kasernen der dänischen Militärs** wurden zweckentfremdet, die neuen Herren (und Damen) von Christiania benötigten schließlich Wohnraum. Die **Wasser- und Stromversorgung** der kommunalen Anbieter wurde wie selbstverständlich **angezapft** und eine Insel der Glückseligen war geboren. **Marihuana** und **Haschisch** konnte man wie Milch und Butter an fast jeder Ecke erstehen, da jedem ein Recht auf Rausch zugestanden wurde. Dieser Anspruch wird de facto bis heute aufrechterhalten, aber härtere Drogen, mit denen es in den vergangenen Jahrzehnten mehrfach zu

MEINE TIPPS

Café im Freistaat

Mitten im Herzen des Freistaates findet man das Café Nemoland, das insbesondere in den warmen Sommermonaten mit einer riesigen **Außengastronomie und Livemusik** lockt. Das Publikum ist dabei ebenso bunt und gemischt wie das Areal ringsum: Von schicken Anzugträgern bis hin zu rastazöpfigen Kiffern reicht das Spektrum der Gäste. Und wo bekommt man in Kopenhagen sonst schon ein Bier für nur 30 kr?!

- **8** [F6] **Café Nemoland** ✿, Fabriksområde 52, Christiania, www.nemoland.dk, Tel. 32958931, geöffnet: So.–Do. 11–24, Fr., Sa. 11–2 Uhr

Ein Verkaufsschlager: das Christiania Bike

Seit dem Jahr 1984 wird das **bekannteste Produkt des alternativen Freistaats** nun hergestellt: das **Lastenrad,** besser bekannt unter dem Namen Christiania Bike. Anstelle des Vorderrades hat der Drahtesel aus Christiania dort eine **Ladefläche,** die rechts und links von zwei Rädern getragen wird. Je nach Kundenwunsch kann das Dreirad **für diverse Zwecke gestaltet** werden: Ob als klassisches **Einkaufsrad** für Bierkiste und Co. oder als Familienmobil mit bis zu vier Kindersitzplätzen – der Kunde entscheidet und die Fahrradmanufaktur schneidert das Rad dann nach Maß. Ab 1550 € ist man dabei.

- **9** [F6] **Christiania Cykler** ✿, Mælkevejen 83a, Tel. 70707680, www.christianiacykler.dk, geöffnet: Mo.–Fr. 9–17.30 (Mi. erst ab 10), Sa. 11–15 Uhr

Schon von Weitem auszumachen: die Erlöserkirche 24

Problemen kam, sind inzwischen aus der Öffentlichkeit verschwunden.

Hippies, Menschen aus finanziell schwachen Schichten, Junkies, aber auch Studenten, Intellektuelle oder Andersdenkende zog diese weitgehend von staatlichen und gesellschaftlichen Regeln und Normen freie Lebensform an. In regelmäßigen Treffen aller Bewohner wurden die **Entscheidungen mehrheitlich abgesegnet** und – eine polizeiliche Ordnungsmacht existiert nicht – wer deutlich oder mehrfach gegen das Gemeinschaftsrecht verstieß, wurde des Freistaates verwiesen. So verwundert es kaum, dass es zwischen **Staatsmacht** und den Christianitern in regelmäßigen Abständen zu teilweise gewalttätigen **Auseinandersetzungen** kam und kommt. Das offizielle Dänemark, insbesondere unter der Ägide konservativer Regierungen, konnte und wollte einen **rechtsfreien Raum** inmitten der Hauptstadt nicht akzeptieren. Trotzdem konnten die Christianiter ihren Status Quo bis heute weitgehend aufrechterhalten, auch wenn sie inzwischen wie selbstverständlich ihre monatlichen **Wasser- und Stromrechnungen begleichen.**

2011 verlor man vor dem höchsten dänischen Gericht einen Prozess, der dem dänischen Staat eindeutig die **Eigentumsrechte** in Christiania zusprach. Das letzte Kapitel der ehemaligen Hippiekommune schien geschlagen und eine gewaltsame Räumung war nur noch eine Frage der Zeit. In letzter Sekunde konnten sich die Kontrahenten einigen – in der dänischen Öffentlichkeit hat sich seit den 1970er-Jahren eine große Sympathie für den Freistaat entwickelt – und für **gut 10 Mio. Euro** sollten aus Hausbesetzern Hausbesitzer werden. Umgehend machten sich die **800 permanenten Bewohner** ans Werk, um die Summe aufzubringen. Da nach einem Aufruf die Spenden von Christiania-Sympathisanten bei Weitem nicht ausreichten, kamen die Antikapitalisten auf eine brillante und höchst selbstironische Idee: Sie legten eine **Christiania-Aktie** (mit Werten zwischen 13 und 13.000 €) auf. Obwohl die Aktie dem Käufer weder Mitspracherecht noch eine Dividende verspricht, wurden 65.000 Papiere verkauft. Die Übergabe der Eigentumspapiere wurde am 1. Juli 2012 mit einem großen Konzertabend und vielen Flaschen Christiania-Bier gefeiert!

Während in Reiseführern aus den 1980er-Jahren noch dezidiert vom Besuch des Freistaates abgeraten wurde, ist dies im 21. Jahrhundert nicht mehr der Fall. Tritt man den Einwohnern mit der gleichen Offenheit gegenüber, die sie Besuchern gegenüber walten lassen, gibt es keinerlei Probleme. Nur eines sollte man dabei beachten: im zentralen Bereich der kleinen Stadt, der sogenannten **Pusher Street,** sollte man tunlichst seine Kamera in der Tasche lassen, denn hier gilt: **Fotografieren verboten.** Wer neugierig auf ungewöhnliche Behausungen und alternative Konzepte ist und wen frei laufende Hunde und die Haschischschwaden, die übers Areal ziehen, nicht stören, der wird nicht enttäuscht werden – wie die jährlich 500.000 anderen temporären Gäste, die Christiania zu einer der Top-4-Touristenattraktionen der Stadt machen.

❯ **Christiania,** Metro: Christianshavn

⊡ *Mächtig erhebt sich die Oper am Ufer des Hafens*

036kn Abb.: cmc/Ty Stange

26 Oper ★★★ [F4]

Wäre dieses Sprichwort nicht so negativ belegt, könnte „einem geschenkten Gaul schaut man nicht ins Maul“ über dem Eingangsportal der Oper stehen. Die Oper wurde dem dänischen Staat nämlich vom Industriemagnaten und Großreeder Arnold Mærsk Mc-Kinney Møller geschenkt.

Ohne die Öffentlichkeit über seine Pläne zu informieren, kaufte Mærsk Mc-Kinney Møller Ende der 1990er-Jahre ein größeres Areal auf der **Insel Holmen.** Genau gegenüber dem Schloss Amalienborg 16 und dem Hauptsitz der Mærsk-Reederei wollte der **reichste Mann Dänemarks** ein riesiges Operngebäude errichten. Als die Pläne 2000 verkündet wurden, brach eine gesellschaftspolitische Debatte erster Güte aus. Der Reeder verband das mögliche Geschenk nämlich mit zwei nicht verhandelbaren **Forderungen:** Er selbst würde den **Standort** festlegen und auch die **architektonische Gestaltung** bestimmen.

Eine ungewöhnliche Vorgehensweise im demokratischen Dänemark, die von vielen als völlig inakzeptabel angesehen wurde. Überzeugt von seiner Idee begann Mærsk Mc-Kinney Møller schon mit den Ausschachtungsarbeiten, bevor das dänische Parlament schlussendlich seine Zustimmung gab. Nach gut **dreijähriger Bauzeit** war das Prestigeobjekt des Architekten **Henning Larsen** fertiggestellt und hatte **330 Mio. €** gekostet.

Am **15. Januar 2005** wurde die Oper mit einer Galavorstellung und im Beisein der versammelten dänischen Prominenz feierlich eröffnet. Das monumentale Bauwerk verfügt über **41.000 m² Nutzfläche, 14 Stockwerke** (davon fünf unter der Erde) und **zwei Bühnen**, wobei die größere mehr als 1500 Zuschauern Platz bietet. Die aufwendige **Inneneinrichtung** wurde ausschließlich von weltbekannten dänischen bzw. skandinavischen

KURZ & KNAPP

Arnold Mærsk Mc-Kinney Møller

Man kann kaum auf deutschen Autobahnen unterwegs sein, ohne dass man nach wenigen Kilometern einen Lkw mit einem der grauen Container mit der Aufschrift „Maersk" überholt. Diese Container sind im Besitz der **A.P. Møller-Mærsk-Gruppe,** einer der **größten Container-Reedereien der Welt,** die mit ihren über 700 Schiffen ca. 15 % des globalen Containerverkehrs abwickelt (2023).

Ab 1965 wurden die Geschicke der Gesellschaft vom Sohn des Firmengründers gelenkt. Seine Exzellenz **Arnold Mærsk Mc-Kinney Møller** – der Titel wurde ihm mit der Überreichung des Elefantenordens, der höchsten dänischen Auszeichnung, zuteil – steuerte das Firmenkonglomerat bis zu seinem 90. Geburtstag im Jahr 2003. Und auch wenn Herr Møller offiziell alle Posten abtrat, so agierte er bis zu seinem Tod im April 2012 noch als „graue Eminenz" im Hintergrund und engagierte sich mithilfe der **Stiftung** mit dem Bandwurmnamen „A.P. Møller og Hustru Chastine Mc-Kinney Møllers Fond til almene Formaal", deren Kapital auf 15 bis 16 Milliarden Euro geschätzt wird, in vielen Projekten und Bauwerken. Ob es ein neuer Hubschrauberlandeplatz auf dem Dach des Rigshospital, eine Schule für die dänische Minderheit in Südschleswig oder eben eine Oper in Kopenhagen ist – die gut ausgestattete Stiftung des Herrn Møller machts möglich.

Künstlern wie **Per Kirkeby** oder **Olafur Eliasson,** der die beeindruckenden Kronleuchter im Foyer entwarf, gestaltet.

Der anfänglichen Kritik zum Trotz haben die Kopenhagener die Oper inzwischen angenommen und aus dem „Riesenklotz, der den Blick zum Meer versperrt", wurde ganz liebevoll und mit einer Prise Ironie **Brødristeren** („der Toaster"), da der Volksmund in dem Bauwerk einen auf der Seite liegenden Toaster zu erkennen glaubt.

› **Operaen,** Ekvipagemestervej 10, Tel. 33696969, www.kglteater.dk, Führungen: Erwachsene 150 kr, Kinder bis 12 Jahre 75 kr, auf Dänisch oder Englisch, Dauer 75 Minuten. Über Termine und Zeiten der Führungen bitte vor Ort informieren, da sie unregelmäßig stattfinden. Veranstaltungskarten wie auch Tickets für die Führungen erhält man im alten Königlichen Theater ⓭ oder unter www.kglteater.dk.

› **Anfahrt und Wegbeschreibung:** Wasserbuslinien 991, 992 ab Nordre Toldbod, Tegelholmen oder Nyhavn (bei großen Veranstaltungen verkehren Pendelboote zwischen Nyhavn und der Oper), Buslinie 2A, Haltestelle: Fabrikmestervej/ Operaenj, Metro: Christianshavn oder zu Fuß über die Inderhavsbroen (s. S. 32), die Nyhavn mit Christianshavn verbindet

27 Refshaleøen ★★ [H1]

Die Halbinsel Refshaleøen ist ein Paradebeispiel für städtebauliche Entwicklung über die Jahrhunderte: Einstmals militärische Befestigung, anschließend massiv vergrößert und Produktionsstätte der gigantischen B&W-Werft, wurde sie im 21. Jahrhundert zum Experimentierfeld moderner Urbanität.

Es gibt kein Areal in der dänischen Hauptstadt, das in den letzten zwei Jahrzehnten einen solch rasanten Transformationsprozess durchlaufen hat wie die **Halbinsel an der Ostspitze Amagers.** Der Konkurs der **B&W-Werft** 1996 war gleichzeitig Startschuss für eine alternative Nutzung.

Junge Kreative und mutige Pioniere entdeckten eine über **500.000 m²** **große Spielwiese** für ihre Vision einer modernen Großstadt. Erste gastronomische Lokalitäten und urbane Freizeitgestaltungsmöglichkeiten wie hölzerne **Badepontons** und **Kletterparks** siedelten sich an.

Insbesondere die studentische Wohnungsnot führte zum Bau eines **Containerdorfs** mit kleinen, aber wohl durchdachten Studentenapartments (siehe https://cphvillage.com). Sogar die Wasserflächen wurden genutzt. Der schwimmende Containerkomplex **Urban Rigger** besteht aus 72 Kleinstwohnungen (www.urbanrigger.com).

Neben und zwischen den vormaligen Industriebauten haben sich Künstler angesiedelt und ihre Ateliers eröffnet. Die **Copenhagen Contemporary** (s. S. 62), eine Ausstellungshalle für moderne, avantgardistische Kunst, wurde auf der Refshaleøen eröffnet. Trotz der modernen Konzepte und Ideen, die in diesem vitalen Quartier umgesetzt wurden und werden, ist der raue, postindustrielle Charme noch allgegenwärtig. Beinahe wöchentlich gibt es hier Neues zu entdecken.

› Bus 2A, Haltestelle: Refshaleøen (Refshalevej) oder Wasserbusse 991 und 992

MEIN TIPP

Kulinarik auf der Refshaleøen

10 [H2] **La Banchina** €€, Refshalevej 141, Tel. 31266561, www.labanchina.dk, geöffnet: tägl. ab 8 Uhr, abendliche Schließzeit je nach Saison und Wochentag 18–22 Uhr, In dem Café-Restaurant werden ausschließlich Gemüse und Fisch serviert, die aus regionalem Bioanbau bzw. aus nachhaltigem Fischfang stammen. Stimmungsvoll ist in den Sommermonaten die Holzterrasse direkt am Wasser, die zum Schwimmen und Sonnenbaden einlädt. In der kalten Jahreshälfte kann man sich nach dem Sprung in kühle Nass in der hauseigenen Sauna wieder aufwärmen.

11 [H1] **Lille Bakery**, Refshalevej 213A, www.lillegrocery.com, geöffnet: Mi.–So. 8–17 Uhr. Urige und zugleich moderne, skandinavisch hell gestaltete Bäckerei mit Bistro, die auf nachhaltige Biozutaten Wert legt.

12 [G1] **Mikkeler Baghaven,** Refshalevej 169B, Tel. 31161409, http://mikkellerbaghaven.dk, geöffnet: So.–Do. 12–22, Fr., Sa. 12–24 Uhr. „Brauerei oder Weinkeller?" dürften sich die meisten Besucher anfangs fragen. Und so einfach ist die Antwort nicht: In riesigen Eichenfässern reifen die diversen Craftbeer-Sorten. Die Ergebnisse sind nicht vergleichbar mit den Bieren der großen Brauereien. Hier ist der Gerstensaft noch echte Handarbeit und das schmeckt man! Lohnenswert sind die Bierverkostungen, bei denen man Sorten wie „I would not feel so all alone" oder „Bière de Cabaret" probieren kann. Auch Flaschenbiere zum Mitnehmen sind erhältlich.

13 [G1] **Reffen Street Food** €-€€, Refshalevej 167A, Tel. 33930760, https://reffen.dk, geöffnet: Ende März–Sept. Auch hier trifft man auf Container, doch in diesen wohnen keine Studenten, sondern es wird gegessen und getrunken. Über 30 unterschiedliche Mini-Restaurants, in alten Seecontainern beheimatet, buhlen mit Spezialitäten aus aller Herren Länder um die Kundschaft. Obwohl an warmen Sommertagen ausgesprochen populär bei den Einheimischen, findet man fast immer einen Sitzplatz – kein Wunder bei 2500 Sitzgelegenheiten.

28 Amager Strand ★★★

Innerhalb von acht Minuten erreicht man vom Stadtzentrum aus mit der Metro den Strand. Es dürfte weltweit nur wenige Großstädte geben, in denen man so schnell die Straßenschuhe gegen feinen Sand zwischen den Zehen eintauschen kann.

Amager Strand ist nicht nur für die Hauptstädter ein absoluter Besuchermagnet. An warmen Sommertagen pilgern Heerscharen von Sonnenanbetern auf die **künstlich angelegte Insel** direkt vor der Küste Amagers. Ob man **kite- oder windsurfen, schwimmen** oder einfach nur **faul in der Sonne liegen** will – ganz egal, am Amager Strand ist das alles möglich. **Beachvolleyballfelder**, eine **Basketballanlage**, ein 200 m langer **Unterwasserpark für Taucher** oder die Möglichkeit, sich ein **Kajak auszuleihen**, runden das Angebotsspektrum ab.

Zur **Öresundseite** hin findet man eine Dünenlandschaft, in deren Kuhlen man windgeschützt und relativ ungestört sein Badehandtuch ausbreiten kann. Auf der **dem Land zugewandten Seite** tummeln sich insbesondere Familien mit Kindern, da das Wasser in der Lagune flacher und etwas wärmer ist. Über drei Brücken ist die Insel mit Amager verbunden und an den insgesamt 4,6 Kilometern feinsten Sandstrandes findet jeder sein eigenes Plätzchen. Für das leibliche Wohl sorgen die fünf **Strandstationen**, die Hotdogs, Eis, Cola oder Bier anbieten.

Auch in den **kühleren Monaten** des Jahres ist ein Ausflug zum Amager Strand durchaus lohnenswert. Auf den befestigten Wegen kann man hier wunderschön spazieren gehen und an den besonders windigen Tagen die kühnen Kite-Surfer beobachten, die hier ihre Künste zeigen und denen Wind und Wetter scheinbar nichts anhaben können – Wikinger-Nachfahren eben.

› Metro: Øresund (nördlichste Haltestelle), Amager Strand (Mitte) oder Femøren (südlichste Haltestelle)

Baywatch auf Dänisch am Amager Strand, im Hintergrund ist die Öresundbrücke erkennbar

093kn Abb.: ld

Die Öresundbrücke – ein Jahrhundertbauwerk

Der Öresund, die **Meerenge zwischen Dänemark und Schweden,** ist schon seit Jahrhunderten eine der meistbefahrenen Wasserstraßen Europas. Für die dänischen Könige stellte die Verbindung zwischen Ostsee und Nordsee eine **lukrative Einnahmequelle** dar, da jedes passierende Schiff eine **Zollabgabe** zu entrichten hatte, die direkt an die dänische Staatskasse ging.

Auf beiden Seiten des Sundes wurden **Befestigungsanlagen** wie das imposante **Schloss Kronborg in Helsingør** errichtet, um die Durchfahrt kontrollieren und gegebenenfalls militärisch sperren zu können. Auch wenn die dänische Krone Schonen (Skåne), den östlichen Teil des Reiches, im Jahr 1658 an die erstarkenden Schweden abtreten musste, so verblieb das Recht, den Wegzoll zu erheben, bis 1857 in dänischen Händen.

Aber auch **über den Öresund** hinweg – also von Seeland nach Schonen und umgekehrt – bestand ein reger **Personen- und Warenverkehr,** der sowohl mit Segel- wie auch Ruderbooten realisiert wurde. Mit der aufkommenden Industrialisierung ab Mitte des 19. Jahrhunderts übernahmen **Dampfschiffe** diese Aufgabe und insbesondere an der schmalsten Stelle des Sundes, zwischen dem dänischen Helsingør und dem schwedischen Helsingborg, konkurrierten gleich mehrere Reedereien um die Gunst der Passagiere und der Speditionen.

Der intensive Verkehr über die Wasserstraße hinweg hatte schon in früheren Jahrhunderten visionäre Denker auf den Plan gerufen, aber erst 1991 kam es zu einer bilateralen Einigung: Eine insgesamt **fast 16 km lange Tunnel-Brücken-Konstruktion** sollte Dänemark und Schweden verbinden. Von der Kopenhagener Insel Amager aus begann man mit dem Bau eines vier Kilometer langen Tunnels, der mitten im Öresund auf einer künstlichen Insel namens Pepparholm endet und den Übergang zum Kernstück der Verbindung bildet: einer 7845 m langen **Schrägseilbrücke,** die von zwei mächtigen, 204 m hohen Pylonen getragen wird.

Das insgesamt ca. **fünf Milliarden Euro teure Bauwerk** wurde im Sommer 2000 von den königlichen Häuptern Dänemarks und Schwedens feierlich eröffnet. Auf der obersten Ebene der Brücke verkehren seitdem auf vier Spuren die **Autos** und **Lkws,** während direkt darunter zwei **Schienenstränge** den Sund kreuzen.

Seitdem ist viel passiert und die **Öresundregion,** wie der Großraum Kopenhagen – Malmö seitdem genannt wird, hat sich rasant entwickelt. Wegen der **deutlich niedrigeren Immobilienpreise in Schweden** sind viele Kopenhagener auf die östliche Seite des Sundes gezogen, arbeiten aber weiterhin in der dänischen Hauptstadt. Umgekehrt pendeln viele Schweden täglich zur Arbeit nach Dänemark, da das **Gehaltsniveau** dort attraktiver ist. So verwundert es kaum, dass 75 % der Brückennutzer **Berufspendler** sind, die sich die ökonomischen Differenzen der Nachbarländer zunutze machen.

Jährlich passieren rund 7,3 Millionen Fahrzeuge und über 10 Millionen Zugpassagiere (Stand 2023) die Öresundbrücke. Informationen zu den Ticketpreisen sind auf der folgenden Website zu finden, die ebenfalls auf Deutsch vorliegt:

› www.oresundsbron.com

094kn Abb.: ld

Vesterbro, Frederiksberg, Nørrebro und Østerbro

Die drei „Bro-Viertel" und Frederiksberg umschließen das Stadtzentrum vom Westen bis zum Norden.

Während **Vesterbro** aktuell einen Wandel vom schmuddeligen Rotlichtquartier zum hippen Szeneviertel erlebt, ticken die Uhren im wohlsituierten **Frederiksberg** etwas gemächlicher, das Bürgertum hat sich hier schon vor Jahrzehnten angesiedelt. In **Østerbro** herrscht ein eher gediegenes Ambiente vor und die gut betuchten Bewohner des Viertels treffen sich samstags im Biocafé zum Plausch.

Der größte „Aufsteiger" unter den Kopenhagener Stadtvierteln ist zweifelsfrei **Nørrebro**. Bis in das erste Jahrzehnt dieses Jahrhunderts dominierten negative Schlagzeilen die Berichterstattung über dieses Quartier. Eine „Ghettoisierung" wurde konstatiert und Menschen mit Migrationshintergrund bestimmten das Bild in dem Gebiet nördlich der drei Seen 34. In den letzten 20 Jahren hat sich hier jedoch einiges getan: Alte Parks wurden revitalisiert, neue geschaffen, Wohnraumsanierungen wurden oftmals im Einklang mit den Interessen der Bewohner realisiert und der Zuzug junger Menschen aus dem eher studentisch-alternativen Milieu sorgte für eine demografische wie intellektuell-kreative Auffrischung. Im Durchschnitt sind die Bewohner Nørrebros 34 Jahre alt und bevölkern somit das statistisch jüngste Stadtviertel der Hauptstadt. Damit geht naturgemäß auch eine rasante Entwicklung der Kultur- und Gastroszene einher. Den Ritterschlag erhielt der hippe Kiez im Jahr 2021, als das Time-Out-Magazin Nørrebro zum coolsten Viertel der Welt wählte.

Nørrebro: gemütliche Gastronomie in der Blågårdsgade [dk]

29 Istedgade ★ [cn]

Pünktlich zum 4. Mai hängt jedes Jahr ein Banner quer über der Straße: „Istedgade overgiver sig aldrig" („Die Istedgade kapituliert nie"). Damit wird an das **Ende der deutschen Besatzung** im Mai 1945 erinnert. Während der fünf Jahre zuvor war das Viertel rund um die Istedgade – traditionell ein sehr sozialdemokratisch bis kommunistisch geprägtes Arbeiterviertel – eines der **Zentren des Widerstands** gegen die deutsche Besatzung gewesen. Der Slogan lebt bis heute fort und wird auch abseits des historischen Kontexts benutzt. Immer dann, wenn es um Widerstand gegen staatliche Institutionen oder – in neuerer Zeit – gegen Immobilienspekulanten und die **drohende Gentrifizierung** des Viertels geht.

Die Istedgade hat ihren Ausgangspunkt am Hauptbahnhof und verläuft dann in südwestlicher Richtung einen Kilometer durch Vesterbro. Wie die meisten Quartiere in Bahnhofsnähe war auch die Istedgade über Jahrzehnte eine regelrechte **Schmuddelgegend**, die durch sozialen Abstieg, Drogenmissbrauch und Prostitution gekennzeichnet war. Als 1969 in Dänemark als weltweit erstem Staat die **Pornografie legalisiert** wurde, sprossen Sexshops, Pornokinos und Massagesalons nur so aus dem Boden.

Erst in den letzten Jahren ist diesbezüglich ein **Wandel** festzustellen. In der nordöstlichen Hälfte der Straße, in der Nähe des Hauptbahnhofs, findet man auch heute noch vereinzelt Vertreter des Rotlichtmilieus, während im südwestlichen Teil die „neue Zeit" schon länger Einzug gehalten hat. **Schick renovierte Backsteingebäude** aus der Zeit um 1900, die die besser verdienenden Schichten anziehen, nette, **multikulturelle Restaurants und Bars**, die definitiv nicht die Kundschaft rund um den Hauptbahnhof ansprechen, oder **kleine trendige Boutiquen** für Fashionistas und Möchtegern-Hipstern zeichnen ein ganz anderes Bild. Somit macht man bei einem 1000 m langen Spaziergang gleichsam einen Schnelldurchlauf durch die Kopenhagener Stadt- und Gesellschaftsgeschichte.

› S-Bahn oder Metro: København H

30 Carlsberg Brauerei ★★ [bn]

„Das vermutlich beste Bier der Welt" – so lautet seit Jahrzehnten der Werbeslogan der drittgrößten Brauerei der Welt. Dabei ist Carlsberg nur der bekannteste Markenname der Kopenhagener Braumeister, neben zahlreichen anderen gehören auch Tuborg und die deutschen Biere Astra, Holsten, Lübzer und Hannen-Alt zum Konzern.

J. C. Jacobsen – ausgeschrieben lauten seine Vornamen Jacob Christian, aber die Dänen kürzen gerne ab – gründete 1847 auf **einem Hügel in Valby**, damals ein Vorort von Kopenhagen, eine kleine Brauerei. Wegen der schlechten hygienischen Bedingungen innerhalb der Stadt wählte er diesen etwas abseits gelegenen Ort und benannte die neue Firma nach seinem Sohn Carl und dem „Berg", auf dem die Brauereikessel errichtet wurden. **Hohe Qualitätsstandards**, der **Brauprozess nach deutschem Reinheitsgebot** und ein **eigenes Labor**, das in den 1880er-Jahren sogar eine neue Bierhefe entwickelte – den Hefepilz Saccharomyces carlsbergensis, der bis heute bei der Bierherstellung eingesetzt wird –, sorgten auch jenseits der Landesgrenzen des kleinen Königreichs schnell für große Exporterfolge.

Die **Expansion**, die insbesondere unter der Ägide von Jacobsens Sohn Carl vorangetrieben wurde, machte Carlsberg schon früh zu einem Global Player auf dem Biermarkt. Nach der **Übernahme von** einheimischen **Konkurrenten** wie Tuborg (1970) rückten auch vermehrt die Bierproduzenten im Ausland in den Unternehmensfokus. Mit Dependancen auf der ganzen Welt und den Zukäufen gibt es heute weltweit kaum ein Land, in dem der Gerstensaft aus dem Hause Carlsberg nicht getrunken wird: In 150 Ländern ist der Kopenhagener Mutterkonzern direkt oder indirekt vertreten. Der **Besuch** der alten Carlsberg-Brauerei beginnt für gewöhnlich am imposanten Eingangstor, das von vier massigen Granitelefanten getragen wird.

› **Carlsberg Bryggeri,** Gamle Carlsberg Vej 11, S-Bahn: Carlsberg Station, Tel. 33271282, www.visitcarlsberg.com, geöffnet: tägl. 10–18 Uhr, Eintritt (inkl. eines Fassbiers oder Softdrinks): ab 160 kr, Kinder 6–17 Jahre ab 90 kr. Zusätzlich buchbar sind eine historische Brauereiführung (90 Min., 100 kr) oder eine Bierverkostung (120 kr).

095kn Abb.: ©luisa fumi/acrogame, stock.adobe.com

Schloss und Park Frederiksberg

31 Schloss Frederiksberg und Park ★★ [am]

Auch wenn das Schloss selbst – abgesehen von den monatlichen Führungen – nicht von innen besichtigt werden kann, lohnt sich der Besuch definitiv: Der riesige, umgebende Schlosspark ist eine der schönsten Ruheoasen der Hauptstadt.

Anfang des 18. Jh. wurde das Schloss Frederiksberg, benannt nach seinem Bauherrn **Frederik IV.**, im Stile des italienischen Barock errichtet. Bis in die 1850er-Jahre wurde das Bauwerk von den jeweiligen Monarchen als **Sommerresidenz** genutzt und anschließend der **dänischen Armee** übergeben, die es seitdem als **Militärakademie** und **Offiziersschule** nutzt.

Für heutige Besucher stellt die gelbliche Schlossfassade so etwas wie eine schöne, zentral gelegene Dekoration des umwerfenden Schlossparks dar. Der **Park** selbst ist durch den Roskildevej in zwei Teile getrennt: den nördlichen **Frederiksberg Have** und den südlichen **Søndermarken.** Beide zusammen erstrecken sich über ein Areal von 64 Hektar.

Analog zur Architektur des Schlosses wurde auch die Parkanlage im **Barockstil** angelegt. Gerade Linien, akkurate Blumenbeete und Springbrunnen waren in den ersten 100 Jahren des Bestehens die Charakteristika. Der **modische Paradigmenwechsel** setzte um 1800 ein und das englische Vorbild eines **Landschaftsgartens** war – wie in ganz Europa – mit einem Male *très chic.* Eine natürliche Landschaft imitierend wurden künstliche **Wasserwege** und **Seen, offene Rasenflächen** und sich wie zufällig durch den Park schlängelnde Fußwege angelegt. Besondere **Attraktionen** wie Ruinen, antike Tempel oder pittoreske Brücken wurden an exponierten Orten in den Park eingebettet. So kann man noch heute ein **chinesisches Lusthaus**, einen **Wasserfall** und einen **pseudo-historischen Tempel** im Frederiksberg Have bewundern. Oder man macht es im Sommer wie die Einheimischen und breitet die Decke zum gemütlichen Picknick aus.

› **Frederiksberg Slot og Have,** Roskildevej 28A, Buslinie 7A und 72, Haltestelle: Zoologisk Have, https://kongeligeslotte.dk, Tel. 36132632, geöffnet: Schloss nur im Rahmen von Führungen (jeden letzten Sa. im Monat 11 und 13 Uhr, 100 kr, Kinder unter 15 Jahren frei, Anmeldung nicht nötig, Juli u. Dez. geschl.), Schlosspark tägl. ab 6, im Hochsommer bis 22, im Winter bis 17 Uhr

32 Zoo Kopenhagen ★★ [am]

Sir Norman Foster hat nicht nur den Berliner Reichstag neu gestaltet oder das berühmte Hochhaus 30 St Mary Axe in London entworfen, sondern auch das Elefantenhaus des Kopenhagener Zoos konzipiert.

Seit 1859 strömen die Kopenhagener in „ihren" Zoo, der nach dem Vorbild des **Berliner Zoos** gegründet wurde und der älteste Dänemarks ist. Über die Jahre wurden die ausschließlich heimischen Tiere durch exotischere ergänzt und die Hühner, Hasen und Füchse bekamen neue Nachbarn aus Afrika, Asien, Südamerika und der Polarregion. Analog zu ihren heimatlichen Gefilden sind die Tiere innerhalb des Zoos auch **nach Kontinenten aufgeteilt.** Das **Elefantenhaus** beherbergt fünf Dickhäuter und im **Freiluftgehege Savanne** tummeln sich Nashörner, Giraffen und Nilpferde.

Für die kulinarische Versorgung der Gäste sorgen mehrere **Restaurants** und **Kioske** auf dem Zoogelände, die durchgehend auf ökologisch produzierte Lebensmittel setzen. Vom 43 Meter hohen hölzernen **Aussichtsturm** hat man nicht nur einen brillanten Ausblick über das gesamte Zooareal, sondern über fast die ganze Stadt.

Mit jährlich über einer Million Besuchern zählt der Kopenhagener Zoo zu den Topattraktionen des Königreichs und nicht nur die Kinder sind begeistert.

› **Zoologisk Have,** Roskildevej 32, Buslinien 7A und 72, Haltestelle: Zoologisk Have, Tel. 72200200, https://zoo.dk, täglich geöffnet: in den Wintermonaten 10–16, in der Übergangszeit 10–17/18 und im Hochsommer 9–20 Uhr, Eintritt: Erwachsene 239 kr, Kinder 3–11 Jahre 139 kr

33 Tycho Brahe Planetarium ★ [dm]

Im Planetarium gibt es „richtig was auf die Augen": Für neugierige Sternengucker werden **bis zu 4000 Sterne gleichzeitig** auf die Leinwand projiziert oder Sonne, Mond und Planeten im Orbit visuell erläutert. Eine 1000 m² große 180-Grad-Rundpanoramaleinwand dient als Projektionsfläche für die beeindruckenden **IMAX-Filme**, die sogar teilweise in 3D präsentiert werden, und die erstklassige Beschallung bringt das Lichtspieltheater zum Vibrieren. Namenspatron des Planetariums ist übrigens der berühmte **dänische Astronom Tycho Brahe**, der sich im 16. Jahrhundert mit modernsten wissenschaftlichen Beobachtungs- und Berechnungsmethoden einen Namen gemacht hat. Wechselnde **Sonder-**

ausstellungen und **Veranstaltungen** (z. B. zu Nordlichtern oder neusten Forschungsergebnissen) runden das kosmische Programm ab.

› Gammel Kongevej 10, S-Bahn: Vesterport, Tel. 33121224, https://planetarium.dk, geöffnet: Mo. 12–18, Di., Mi. 9.30–20, Do.–Sa. 9.30–20.30 (Fr. bis 21.30), So. 9.30–19 Uhr, Eintritt: Planetarium inkl. Filmvorführung (Dauer ca. 15 Min.) Erwachsene 185 kr, Kinder (3–11 Jahre) 115 kr

34 Die drei Seen ★ [dk]

Als Wasserspeicher für den Mühlenbetrieb, als Wassergraben der Stadtbefestigung und als Trinkwasserspeicher dienten die drei Seen **Sankt Jørgens Sø, Peblinge Sø und Sortedams Sø** im Westen der Innenstadt über die Jahrhunderte. In neuerer Zeit jedoch – seit 1966 stehen die Seen unter besonderem Schutz – sind sie zu einem **populären Naherholungsgebiet** der Hauptstädter geworden. Jogger und Nordic Walker bevölkern die Uferzone und die 6,3 km lange Umrundung der drei Wasserflächen ist inzwischen schon fast zu einer festen Maßeinheit bei Kopenhagener Freizeitsportlern geworden.

Der hohe Nährstoffgehalt des Wassers führte jedoch immer wieder zu Problemen mit **Algenwachstum** und **Fischsterben**. Kläranlagen und eine erhöhte Zirkulation des Wassers in Kombination mit mechanischer Entfernung der Kanadischen Wasserpest und dem Aussatz von Raubfischen wie Hechten haben seit 2002 die Wasserqualität deutlich erhöht und an sonnigen Tagen kann man vom Ufer wieder den Grund sehen.

MEIN TIPP

Mit dem Tretboot schippern

Ja, der Kitschfaktor ist durchaus vorhanden, aber gleichzeitig ist es auch traumhaft schön: auf einem Schwanenboot auf den **drei Seen** 34 in den Sonnenuntergang gleiten.

Der **Kaffeesalonen** logiert auf einer Plattform im **Peblinge Sø** direkt neben der Dronning-Louise-Brücke. Hier kann man sich kulinarisch stärken und seinen Durst stillen. Und man kann **Tretboote in Schwanenform** anmieten.

O14 [dk] **Kaffeesalonen**, Peblinge Dossering 7, Tel. 35351219, https://kaffesalonen.com, geöffnet: tägl. 9–22 Uhr, Tretbootvermietung im Sommerhalbjahr (jeweils für 30 Min.): 2 Personen 110 kr, 4 Personen 160 kr, 6 Personen 220 kr

35 Rund um Elmegade und Sankt Hans Torv ★★★ [dj]

Im südlichen Nørrebro, nördlich der Dronning-Louise-Brücke [d–ek], die täglich von über 40.000 Radfahrern genutzt wird, kann man an jeder Ecke die quirlige Lebendigkeit der Großstadt Kopenhagen erleben.

Auf der **Nørrebrogade** [dk], der wichtigsten Nord-Süd-Achse des Viertels, reihen sich Design- und Secondhandgeschäfte, Kneipen, Gemüseläden, Imbisse und Fahrradshops aneinander. In den etwas ruhigeren Seitenstraßen kann man in die bunte gastronomische Vielfalt eintauchen.

Die **Blågårdsgade** [dk] wartet mit einer Vielzahl von Lokalen und Kneipen auf, die im Sommer mit großzügigen Außenbereichen durstige und hungrige Gäste anlocken. Möglich macht dies die weitgehende Verkehrsberuhigung des nordöstlichen Teils der Straße, in der nur Fahrräder erlaubt sind.

Auf dem **Sankt Hans Torv** werden etwa im **Sebastopol** (s. S. 77) Kaffee und Croissants serviert, aber auch ein gezapftes Tuborg, ein helles Bio-IPA *(Indian Pale Ale)* oder ein edler Weißwein stehen auf der Speisekarte.

Dieselbe „Leichtigkeit des Seins" kann auch in der **Elmegade** ausgelebt werden oder man besucht die Antikläden in der **Ravnsborggade** und beschließt den Tag im erstklassigen **Nørrebro Bryghus** (s. S. 74). Fast scheint es, als sei das „Sich-Treiben-Lassen" im südlichen Nørrebro quasi erfunden worden.

36 Assistens Kirkegård ★★★ [cj]

Wenn die Hauptattraktion eines Stadtviertels ein Friedhof ist, spricht dies entweder gegen das Viertel oder für die Begräbnisstätte. Im Quartier Nørrebro ist die Frage schnell beantwortet: Der großflächige Assistens Kirkegård ist Parkanlage, Naherholungsgebiet und eben auch letzte Ruhestätte berühmter und weniger berühmter Dänen.

In urbanen Ballungsräumen war (und ist) der letzte Weg eines jeden Menschen auch immer eine Platzfrage. In Zeiten von engen Innenstädten, zumeist von Mauern und Befestigungsanlagen umgeben, war freie Fläche ein rares Gut. So auch im Kopenhagen der frühen Neuzeit. Eine **Pestepidemie Anfang des 18. Jh.** mit über 20.000 Opfern verschärfte das Problem noch und auf den vorhandenen regulären wie auch provisorischen Friedhöfen mussten die Totengräber besonders tief buddeln: Zeitweise wurden bis zu fünf Totenkisten übereinander gestapelt. Die Geruchsentwicklung war so penetrant, dass die Armee aufgefordert wurde, mit Kanonenschüssen in den betroffenen Gebieten die Luft in Bewegung zu bringen, was jedoch keine Abhilfe schaffte. Immerhin wurden die Verwesungsgerüche temporär vom Pulverdampf überlagert.

Nachdem der Schwarze Tod die Stadt verlassen hatte, nutzte man die Friedhöfe innerhalb der Stadtbefestigung noch wenige Jahrzehnte, bis sich die Stadtverwaltung 1760 zu einer großen Lösung durchringen konnte. Vor dem nördlichen Stadttor sollte ein riesiges Gräberfeld entstehen, ein ans Französische angelehnter „Assistance-Friedhof", also eine **Hilfs- oder Ersatzruhestätte**, was den bis heute erhaltenen Namen erklärt.

Anfangs als Grabplatz für die ärmeren Schichten der Bevölkerung gedacht, entwickelte sich der **Assistens Kirkegård** ab 1800 mehr und mehr zu einem **Promi-Friedhof.** Der Philosoph **Søren Kierkegaard** (Bereich A), der Märchendichter **H.C. Andersen** (Bereich P) oder der Atomphysiker **Niels Bohr** (Bereich Q) haben hier ihre letzte Ruhestätte gefunden. Aber auch die Weltgeschichte hat ihre Fußabdrücke in Nørrebro hinterlassen: **Mitglieder des russischen Zarenhofs,** die nach der bolschewistischen Revolution zusammen mit der dänisch-stämmigen Mutter des letzten Romanow-Herrschers nach Dänemark geflüchtet waren, liegen in der **russischen Sektion** (Bereich D) begraben. Die ehemalige Zarin Maria Fjodorowna wurde nach ihrem Tode 1928 im Dom zu Roskilde beigesetzt, 2006 exhumiert und fand ihre (vermutlich) finale Ruhestätte in St. Petersburg.

Der Assistens Kirkegård ist eine Mischung aus klassischem Gräberfeld und einer über die Jahrhunderte organisch gewachsenen **Parkanlage,** die durch **uralten Baumbestand** und die **teilweise verwitterten Grabmäler** eine ganz spezielle Atmosphäre ausstrahlt. Dabei schwankt die Stimmung zwischen andächtig-ruhig und fröhlich-ausgelassen, da die Kopenhagener in den Sommermonaten wie in einem Stadtpark ihre Decken auf dem Areal ausbreiten. Die Würde der Toten wird jedoch gewahrt, da alle auf einen ausreichenden Respektsabstand achten.

› Kapelvej 2, Metro: Nørrebros Runddel St., http://assistens.dk, Tel. 33669100, geöffnet: April–Sept. tägl. 7–22, Okt.–März tägl. 7–19 Uhr, Eintritt frei, Führungen März–Okt. So. 14–15.30 Uhr (kostenlos). Auf eigene Faust kann man den Friedhof mit einer englischsprachigen Digital-Führung (https://ar-tour.com/guides/assistens-kirkegrd-copenhagen.aspx) erkunden.

MEIN TIPP

Auszeit in der Freiheit

Direkt am lebendigen, manchmal etwas chaotischen Park **Superkilen** 37 findet man ein Stück „Freiheit", so die deutsche Übersetzung des Cafénamens. Die Bewohner des Viertels lassen es sich hier gut gehen, im Sommer stehen die meisten Stühle, Bänke und Tische im Grünen. **Vegetarische Gerichte und Meeresfrüchte** bilden den Schwerpunkt der Speisekarte, die durch diverse **Bioweine** abgerundet wird. Am Wochenende wird der üppige Frühstücksbrunch sogar bis 16 Uhr serviert.

15 [bi] **Friheden**, direkt an der Skaterrampe und am Radweg durch den Superkilen, ca. 100 m südlich des Roten Platzes, www.frihedenkbh.dk, geöffnet: Mo.–Mi. 9–24, Do. 9–1, Fr., Sa. 9–2, So. 9–17.30 Uhr

37 Superkilen Park ★★ [ci]

Innerstädtische Parks ähneln sich zumeist und Rasenflächen, Bäume, Büsche sowie Schotterwege bestimmen das Erscheinungsbild. Im Superkilen kann man diese Elemente teilweise zwar auch finden, jedoch ist die Grundstruktur hier eine gänzlich andere. Vor dem Hintergrund der multiethnischen Zusammensetzung des nördlichen Nørrebros legten die Macher des 750 Meter langen Parks ein besonderes Augenmerk darauf, einen **öffentlichen urbanen Raum** zu schaffen, der von allen angenommen und genutzt werden kann. Der Kern der Parkidee war und ist es, die **soziale Interaktion** der verschiedenen Bevölkerungsgruppen zu fördern.

Der lang gezogene Park besteht aus drei Hauptarealen: dem **Roten Platz**, der ideal für größere Veranstaltungen ist, dem **Schwarzen Markt** mit seiner faszinierenden Linienstruktur und dem **Grünen Park** mit diversen sportlichen Aktivitätsmöglichkeiten. Aus **Dutzenden Ländern** dieser Welt wurden **Originalobjekte** nach Kopenhagen gebracht und im Park aufgestellt: von einem indischen Spielplatz über einen marokkanischen Springbrunnen bis hin zu einem riesigen japanischen Tintenfisch, den die Kinder mit Vorliebe erklimmen. Seinen Abfall entsorgt man übrigens in den historischen *litter bins* aus dem Vereinigten Königreich. Beim Parkbesuch lohnt sich ein Blick auf die kleinen **Erklärtafeln**, die den jeweiligen Hintergrund der Objekte kurz erläutern.

Mitten durch den Park schlängelt sich ein breiter, sehr stark frequentierter **Radweg**. Deshalb sollte man beim Lustwandeln im Grünen immer ein Auge auf die flotten Radfahrer haben, damit man nicht versehentlich unter die Räder gerät.

KOPENHAGEN ERLEBEN

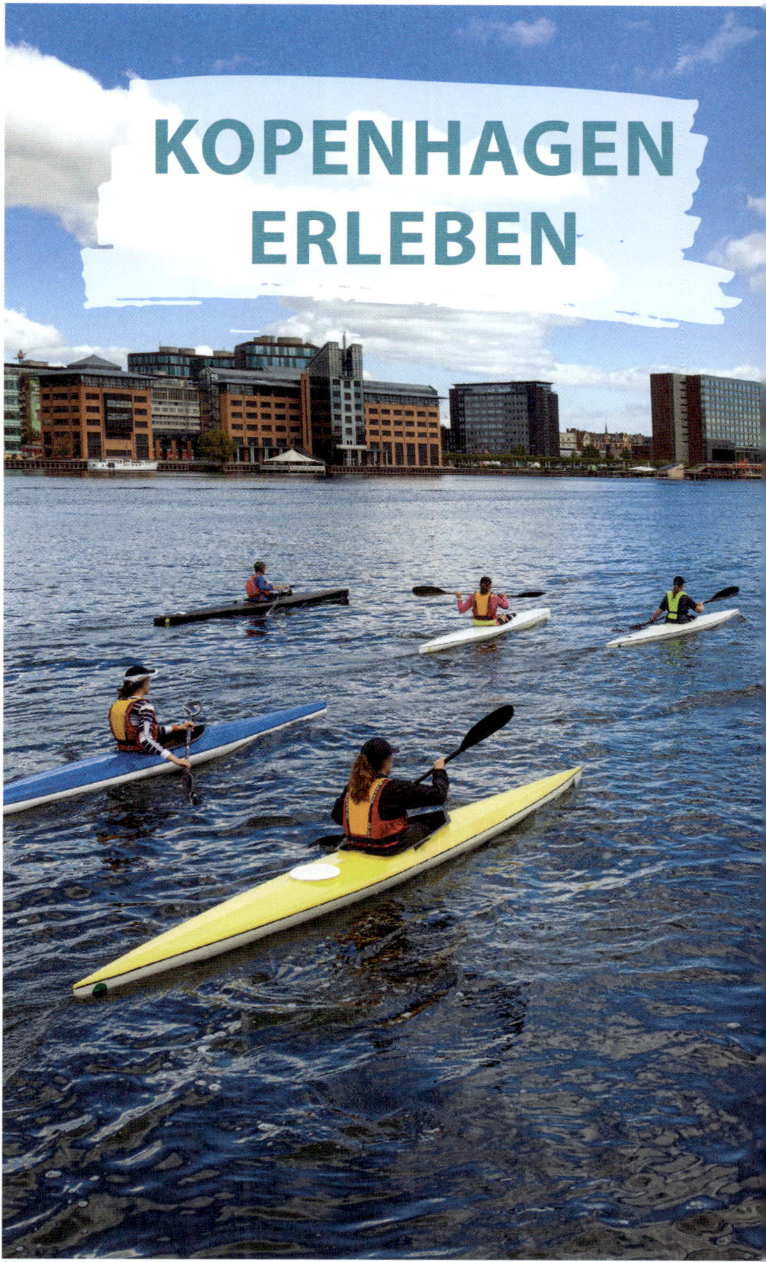

081kn Abb.: ©Friedberg, stock.adobe.com

Kopenhagen für Kunst- und Museumsfreunde

Nach musealen Höhepunkten muss in Kopenhagen niemand lange suchen. Es ist eher umgekehrt: Eine beeindruckende Vielzahl an Museen verteilt sich über das Stadtgebiet und bietet von klassischer bis moderner Kunst, von Literaten bis Zeichnern, von Wikingern bis zum dänischen Widerstand alles, was sich der interessierte Besucher nur vorstellen kann.

Museen

› **Amalienborg Museum,** Schloss Amalienborg (16). Ob Königin Margrethes II. Prunkkleider oder royale Möbel aus vergangenen Jahrhunderten: Im Schlossmuseum kommt man den Blaublütern sehr nahe (s. S. 33).

20 [A3] **Arbeitermuseum (Arbejdermuseet),** Rømersgade 22, S-Bahn und Metro: Nørreport, Tel. 33932575, www.arbejdermuseet.dk, geöffnet: tägl. 10–17, Do. bis 20 Uhr, Eintritt: Erwachsene 125 kr, unter 18 Jahren frei. Das Arbejdermuseet informiert über die Geschichte der Arbeit und der Arbeiterbewegung. Ob man eine originalgetreue Arbeiterwohnung vom Anfang des 20. Jahrhunderts betreten will oder der Entwicklung der politischen Plakate nachgehen möchte, hier findet man alles.

21 [H1] **Copenhagen Contemporary,** Refshalevej 173A, Tel. 29898087, Wasserbus 991, 992: Anleger Refshaleøen, Bus 2A, Haltestelle Refshaleøen, oder vom Nyhavn zu Fuß über die Inderhavsbroen (s. S. 32), https://copenhagencontemporary.org, geöffnet: Mi.–So. 11–18, Do. bis 21 Uhr, Eintritt: 120 kr, unter 18 Jahren frei. Auf über 7000 m² stellen hier internationale Künstler ihre zeitgenössischen Werke und Installationen aus. Das Ausstellungsareal befindet sich mitten auf der Insel Refshaleøen, einem vormaligen Industrie- und Hafengebiet, das sich in den letzten Jahren zu einem der angesagtesten kulturellen Hotspots der Hauptstadt entwickelt hat (s. S. 50). Den angeschlossenen Designshop sollte man nicht verpassen.

(20) [C2] **Dänische Nationalgalerie (Statens Museum for Kunst).** Ein breit gefächertes Spektrum mit Werken dänischer und internationaler Künstler wird in der Nationalgalerie ansprechend präsentiert (s. S. 38).

22 [C6] **Dänisches Architektur Center (DAC),** Bryghusgade 10, Tel. 32571930, https://dac.dk, Metro: Gammel Strand oder Wasserbus 991, 992: Det Kongelige Bibliothek, geöffnet: tägl. 10–18, Do. bis 21 Uhr, Eintritt: 115 kr, unter 18 Jahren frei. Dänische Stadtplaner und Architekten genießen Weltruf und so wundert es nicht, dass ihnen in Kopenhagen ein beeindruckendes Museumsgebäude gewidmet wurde, in dem neuste Entwürfe und klassische Konzepte präsentiert werden. Über die wechselnden Ausstellungen informiert die Website des Museums und über den Museumsbau die Website www.blox.dk („Blox Kopenhagen").

23 [C6] **Dänisches Kriegsmuseum (Krigsmuseet),** Tøjhusgade 3, Metro: Gammel Strand, Wasserbusse 991/992: Det Kongelige Bibliothek, Tel. 41206080, https://natmus.dk/museer-og-slotte/krigsmuseet, geöffnet: Juni–Aug. tägl. 10–17, Rest des Jahres Di.–So. 10–17 Uhr, Eintritt: Erwachsene 95 kr, unter 18 Jahren frei. Seit der Zeit Christians IV. um 1600 wurden im Tøjhu-

Vorseite: Die Erkundung Kopenhagens vom Wasser aus ist besonders reizvoll

set, dem Zeughaus, Kanonen, Waffen und sonstiges Kriegsmaterial gelagert. Vor rund 200 Jahren wurde aus dem Arsenal die Historische Waffensammlung und heute beherbergt es das Staatliche Verteidigungshistorische Museum. Die Haupthalle ist beeindruckende 163 m lang und 23 m hoch. In ihr illustrieren Hunderte von Exponaten die Geschichte der Artillerie vom Mittelalter bis ins heutige Raketenzeitalter.

24 [E3] **Designmuseum,** Bredgade 68, Metro: Marmorkirken, http://design museum.dk, Tel. 33185656, geöffnet: Di.–So. 10–18, Do. bis 21 Uhr, Eintritt: Erwachsene 130 kr, unter 18 Jahren frei. In dem wunderschönen Rokoko-Ensemble des vormaligen königlichen Frederiks Hospitals gelegen präsentiert das Designmuseum Entwürfe und Kreationen von dänischen Koryphäen wie Arne Jacobsen oder Poul Henningsen. Das Spektrum reicht von Industriedesign über Kunsthandwerk bis hin zu Sammlungen historischer Textilien und Kleider. Ergänzt werden die permanenten Ausstellungen durch wechselnde Spezialpräsentationen.

25 [E2] **Freiheitsmuseum (Frihedsmuseet),** Esplanaden 13, Buslinien 1A, 15, Haltestelle: Esplanaden/Grønningen, Metro: Marmorkirken oder Østerport, Tel. 41206080, https://natmus.dk/museer-og-slotte/frihedsmuseet, geöffnet: Mai–Sept. tägl. 10–17, Okt.–April Di.–So. 10–17 Uhr, Eintritt: Erwachsene 120 kr, unter 18 Jahren frei. Nachdem der Vorgängerbau 2013 einer Brandstiftung zum Opfer gefallen war, wurde der ovale Neubau mit unterirdischen Ausstellungsflächen 2020 feierlich eröffnet. Das Freiheitsmuseum beleuchtet die fünf finstersten Jahre des deutsch-dänischen Verhältnisses. Von der Invasion im April 1940 über die ersten Jahre der Anpassung bis hin zum offenen dänischen Widerstand und den Terrormaßnahmen der Nazis wird die Geschichte chronologisch dargestellt. Im Museum wird explizit die Lebenssituation der „einfachen Bevölkerung" nachgezeichnet und die großen, historischen Ereignisse werden mit persönlichen Schicksalen verknüpft.

26 [C2] **Hirschsprungsche Sammlung (Hirschsprungske Samling),** Stockholmsgade 20, Metro: Nørreport oder Østerport Station, Buslinien 6A, 150S, 184 und 185, Haltestelle: Sølvtorvet, Tel. 35420336, www.hirschsprung.dk, geöffnet: Mi.–So. 11–16, letzter Do. im Monat bis 20 Uhr, Eintritt: 110 kr, unter 18 Jahren frei. Namensgebend waren Heinrich und Pauline Hirschsprung. Heinrich entstammte einer ursprünglich deutsch-jüdischen Familie, die sich 1826 in Kopenhagen niedergelassen und mit dem Tabakhandel ein Vermögen gemacht hatte. Parallel zur Übernahme des familiären Betriebs begann Heinrich im letzten Drittel des 19. Jahrhunderts, eine imposante Kunstsammlung zusammenzustellen. Der Fokus lag dabei auf Malereien einheimischer Künstler des 19. Jahrhunderts wie P.S. Krøyer und seinem Skagener Bilderzyklus und den

Museumsliebhaber aufgepasst!

Für Museums-Enthusiasten gibt es ein spezielles Angebot. Die sechs sog. **Parkmuseen** bieten ein **gemeinsames Ticket (Parkmuseerne ticket)** an, das – wenn man alle Museen besucht – einen **Rabatt von 50 %** einräumt. Das Ticket zum Preis von 295 kr umfasst das Arbeitermuseum, die David-Sammlung, die Hirschsprungsche Sammlung, Schloss Rosenborg 18, die Dänische Nationalgalerie 20, das Naturhistorische Museum und das Palmenhaus des Botanischen Gartens 19.
› www.parkmuseerne.dk

Größen des Goldenen Dänischen Zeitalters wie C.W. Eckersberg oder Wilhelm Bendz. Neben 700 Exponaten können auch die zeitgenössischen Möbel der Künstler besichtigt werden. Anfang des 20. Jahrhunderts überließen die Hirschsprungs ihre kostbare Sammlung dem dänischen Staat und 1911 öffnete das Museum seine Tore.

27 [C6] **Jüdisches Museum (Dansk Jødisk Museum),** Proviantpassagen 6, Metro: Gammel Strand, Wasserbusse 991, 992, Haltestelle: Sorte Diamant/ Det Kongelige Bibliotek, Tel. 33112218, www.jewmus.dk, geöffnet: Juni–Aug. Di.–So. 10–17, Sept.–Mai Mi.–So. 11–17, Eintritt: Erwachsene 100 kr, unter 18 Jahren frei. Das Museum ist im Gegensatz zu anderen seiner Art in Europa ein „hoffnungsfrohes" Bauwerk, da es an die Rettung der 7000 dänischen Juden vor dem Holocaust erinnert. Den äußeren Rahmen des Museums stellt das alte königliche Bootshaus dar, während im Inneren die Räumlichkeiten so angeordnet sind, dass sie den jüdischen Begriff „Mitzvah" („die gute Tat") formen und auf die Evakuierung der dänischen Juden nach Schweden anspielen. Erdacht hat die spektakuläre Innengestaltung mit schrägen Wänden und Decken der US-Architekt Daniel Libeskind, der auch das Jüdische Museum in Berlin entworfen hat.

28 [D4] **Kunsthalle Schloss Charlottenborg (Kunsthal Charlottenborg Slot),** Nyhavn 2, Metro: Kongens Nytorv, www.kunsthalcharlottenborg.dk, Tel. 33369050, geöffnet: Di.–Fr. 12–20, Sa., So. 11–17 Uhr, Eintritt: Erwachsene 90 kr, unter 16 Jahren frei, Mi. nach 17 Uhr freier Eintritt für alle. Aus der Nebenresidenz der königlichen Familie wurde vor über 250 Jahren der Sitz der Königlichen Kunstakademie und sie dient inzwischen auch als kultureller Veranstaltungsort für Musik und Film sowie als Ausstellungshalle. Den Veranstaltungskalender kann man online einsehen und ganz offline in der gemütlichen Apollo Bar im Innenhof einen Kaffee zu sich nehmen.

29 [B6] **Nationalmuseum (Nationalmuseet)**, Ny Vestergade 10 (im Prinzenpalais), Buslinien 1A, 2S und 9A, Haltestelle: Nationalmuseet, Tel. 41206850, www.natmus.dk, geöffnet: April–Okt. tägl. 10–17, Nov.–März Di.–So. 10–17 Uhr, Eintritt: Erwachsene 130 kr, unter 18 Jahren frei. Nicht nur für Historiker, sondern auch für Laien ist das Nationalmuseum einen längeren Besuch wert. Ausgesprochen interessant gestaltet werden unterschiedliche Epochen der dänischen Geschichte beleuchtet: Ob dänische Neandertaler, Wikinger auf Beutezug oder das Leben auf Grönland – viele Facetten der dänischen Historie werden präsentiert. Toll ist auch das integrierte **Kindermuseum** (Børnenes Museum), das die Kleinen in eine mittelalterliche Burg entführt oder das Alltagsleben von Oma und Opa zeigt, als Smartphones höchstens in Science-Fiction-Filmen auftauchten.

30 [C5] **Nikolaj Kunsthal,** Nikolaj Plads 10, Metro: Gammel Strand oder Kongens Nytorv, Tel. 24227127, https://nikolaj kunsthal.kk.dk, geöffnet: Di.–Fr. 11–18, Sa., So. 11–17 Uhr, Eintritt: Erwachsene 100 kr, unter 18 Jahre frei. Schon seit vielen Jahren ist die Nikolajkirche im Herzen der Stadt profanisiert und dient als Ausstellungshalle für Moderne Kunst. Auch wenn die wechselnden Präsentationen immer Geschmackssache sind, lohnt sich schon der Besuch des imposanten, weiß getünchten Kirchenschiffs. Im Winterhalbjahr kann man im Rahmen von geführten Touren den Kirchturm erklimmen und die Aussicht über die Stadt genießen. Die Turmbesichtigung ist zumeist nur in den dänischen Herbst- und Osterferien möglich, dann jedoch

014kn Abb.: ld

Vom Stolz der dänischen Marine zum Flottenmuseum: die Kriegsschiffe auf Holmen (s. S. 66)

tägl. um 15 Uhr (Erwachsene 40 kr, Kinder 20 kr, bitte vor Ort oder online informieren).

2 [B6] **Ny Carlsberg Glyptotek.** In dem von der Carlsberg-Brauerei unterstützten Museum ist hochwertige Kunst von der Antike bis ins 19. Jahrhundert zu sehen (s. S. 15).

10 [C5] **Schloss Christiansborg.** Das Schloss mitten in der Stadt bietet neben verschiedenen Besichtigungsmöglichkeiten ein Theatermuseum, das jedoch **derzeit geschlossen** ist (s. S. 24).

18 [C3] **Schloss Rosenborg und Schatzkammer.** Das wunderschöne Schloss und die es umgebende Parkanlage locken die Besucher an. Herzstück des royalen Anwesens sind die Kronjuwelen (s. S. 36).

M **31** [bm] **Storm Museum,** Frederiksberg Runddel, Buslinien 7A und 18: Frederiksberg Runddel oder Metro: Frederiksberg Allé, Tel. 38860500, https://frederiksbergmuseerne.dk/da/storm, geöffnet: Di.–Fr. 11–18, Sa., So. 11–17 Uhr, Eintritt: Erwachsene 75 kr, unter 18 Jahren frei. Das Museum ist *die* Pilgerstätte für Fans von Robert Storm Petersen, den die ganze Welt nur als Storm P. kennt. Der dänische Maler, Schauspieler und Cartoonist hinterließ 30.000 Skizzen und Zeichnungen, die man teilweise im Museum besichtigen kann. Besonders berühmt sind seine gezeichneten Serien, die in dänischen Tageszeitungen abgedruckt wurden.

9 [C5] **Thorvaldsens Museum.** Ein beeindruckender Museumsbau in Kombination mit erstklassigen Exponaten des berühmtesten dänischen Bildhauers sind einen Besuch wert (s. S. 22).

Wissenschaft und Technik

M **32 Der Blaue Planet (Den Blå Planet)**, Jacob Fortlingsvej 1 (Kastrup, in der Nähe des Flughafens), Bus 5C: Den Blå Planet oder Metro: Kastrup Station, dann 600 Meter Fußweg, https://denblaaplanet.dk, Tel. 44222244, geöffnet: Mo. 10–21, Di.–So. 10–17 Uhr, Eintritt: ab 199 kr (Kinder 3–11 Jahre ab 107 kr). 20.000 Tiere,

450 Arten und 53 Aquarien mit insgesamt 7 Mio. Litern Wasser sind die beeindruckenden Eckdaten des dänischen National-Aquariums. Die feierliche Eröffnung im Jahr 2013 wurde von Königin Margrethe II. persönlich vorgenommen, seitdem strömen alljährlich über 600.000 Besucher in die faszinierende Unterwasserwelt. Alle Gäste werden gleichermaßen verzückt durch die verspielten Seeotter oder den verglasten Haitunnel, in welchem man den mächtigen Hammerhaien sehr, sehr nahe kommt. Ausgewachsen erreichen sie eine beeindruckende Körperlänge von über 4 m.

M 33 **Experimentarium**, Tuborg Havnevej 7, 2900 Hellerup, Bus 1A, 21, 23, 164, 171, Haltestelle: Tuborg Boulevard/Strandvejen, Tel. 39273333, www.experimentarium.dk, geöffnet: tägl. 9.30–17 Uhr, Eintritt: 225 kr, 2–11 Jahre 140 kr (Onlinepreise, vor Ort 10 % teurer). „Klüger werden auf spaßige Art" ist so etwas wie der Werbeslogan des Experimentariums. Das Wissenschaftscenter richtet sich besonders an Kinder bzw. Junggebliebene. Interaktive Spiele und Experimente zu Natur, Technik, Umwelt und Gesundheit vermitteln auf unterhaltsame Weise naturwissenschaftliches Wissen und die größeren Zusammenhänge. Durch die „spiralige" Eingangshalle geht es in zwei kunterbunte Ebenen mit mehr als einem Dutzend unterhaltsamer Erlebniswelten. Bitte das wechselnde Tagesprogramm beachten.

M 34 [G2] **Kriegsschiffe auf Holmen (Skibene på Holmen)**, Elefanten, Nyholm, Buslinie 2A, Haltestelle: Fabrikmestervej, Wasserbusse 991, 992, Haltestelle: Holmen Nord, www.skibenepaaholmen.dk, geöffnet: Marienareal Holmen tägl. 8 Uhr bis Sonnenuntergang, Schiffe Ende Juni–Mitte Aug. tägl. 10–17 Uhr, Frühsommer und Herbst oft Sa., So. 10–17 Uhr. Eintritt: Sammelticket für alle drei Schiffe 160 kr (5–17 Jahre 90 kr), Eintrittskarten werden in dem weißen Gebäude vor der Fregatte Peder Skram verkauft. Das militärische Freilichtmuseum befindet sich auf dem Areal der dänischen Marine. Es besteht aus dem Torpedoboot Sehested, dem U-Boot Sælen und dem vormaligen Flaggschiff der dänischen Wasserstreitkräfte, der Peder Skram. Alle Marineeinheiten können auf eigene Faust oder im Rahmen von geführten Rundgängen erkundet werden.

33 [dm] **Tycho Brahe Planetarium.** Das beeindruckende Planetarium gibt einen Einblick in die unendlichen Weiten des Weltalls und zeigt faszinierende Filmvorführungen in einem modernen Lichtspieltheater (s. S. 57).

Kunstgalerien

G 35 [D1] **Den Frie Udstillingsbygningen,** Oslo Plads 1, S-Bahn und Metro: Østerport, Tel. 33122803, www.denfrie.dk, geöffnet: Di.–So. 12–18 (donnerstags bis 21 Uhr), Eintritt: Erwachsene 70 kr, Kinder bis 12 Jahre frei. Das „Freie" wurde bereits 1891 aus Protest gegen die staatliche Zensur der Kunst gegründet. Es ist heute die älteste Künstlervereinigung des Landes und bietet insbesondere modernen und experimentellen Kunstformen eine Bühne.

G 36 [dn] **Fotografisk Center,** Staldgade 16 (Bygning 55), Tel. 33930996, http://fotografiskcenter.dk, geöffnet: Di.–Fr. 12–18, Do. bis 20, Sa., So. 12–16 Uhr, Eintritt: 40 kr, unter 16 Jahren frei. Für Fotofreunde ist dieses Museum mit sechs bis acht Ausstellungen jährlich eine der Topadressen der Stadt. Die Ausstellungen erstrecken sich von Fotojournalismus bis zur Fotokunst.

G 37 [E5] **Nordatlantens Brygge,** Strandgade 91, direkt an der Inderhavnsbroen/Nyhavn 14, Tel. 32833700, www.nordatlantens.dk, geöffnet: Mo.–Fr. 10–17, Sa., So. 12–17 Uhr, Eintritt: Erwachsene

60 kr, Kinder 12–17 Jahre 30 kr. Das alte Lagerhaus, das direkt am alten Nordatlantik-Pier logiert, fungiert als Kulturvermittler, der die Brücke von Kontinentaleuropa zu den Färöer-Inseln, Island und Grönland schlägt. Kulturschaffende aus den genannten Regionen und Staaten präsentieren hier ausschließlich in Wechselausstellungen ihre „nordatlantische" Kreativität.

38 [D6] **Overgaden,** Overgaden neden Vandet 17, Metro: Christianshavn, Tel. 32577273, www.overgaden.org, geöffnet: Di.–Fr. 13–18, Do. bis 20, Sa., So. 11–18 Uhr, Eintritt frei. Das Programm des Instituts für Gegenwartskunst umfasst wechselnde Ausstellungen, Videoinstallationen und Debatten. Moderne Kunst in vielerlei Ausformungen findet hier ihre Bühne.

39 [dn] **Øksnehallen,** Halmtorvet 11, S-Bahn und Metro: København H, Tel. 33298060, www.dgibyen.dk (Unterpunkt „Culture & Activities"). Mitten im alten Schlachthofviertel der Stadt gelegen, stellt die vormalige Rinderhalle heute eines der kulturellen (und kommerziellen) Vorzeigeobjekte der Stadt dar. Neben Messen und Luxusflohmärkten finden immer wieder Kunstausstellungen in der denkmalgeschützten Halle statt. Infos über geplante Veranstaltungen liefert die o. g. Homepage.

40 [dn] **V1 Gallery,** Flæseketorvet 69–71, S-Bahn: Dybbølsbro oder København H, Metro: København H, https://v1gallery.com, Tel. 33310321, geöffnet: Di.–Fr. 10–17, Sa. 11–15 Uhr (im Juli komplett geschl.). Avantgardistisch, modern und unkonventionell sind sowohl die ausstellenden Künstler wie auch deren Werke. Mit etwas Glück und/oder visionärem Blick und Fachwissen kann man hier Kunstwerke für kleines Geld erstehen, die sich später vielleicht zu wertvollen Klassikern entwickeln werden.

Kopenhagen für Genießer

Essen und Trinken

Die traditionelle dänische Küche ist eher deftig und kalorienreich. Im skandinavischen Vergleich nehmen die Dänen täglich die meisten Kalorien zu sich, tragen das höchste Gewicht mit sich herum und trinken mehr Alkohol als Norweger, Schweden oder Finnen. Doch die Zeiten ändern sich und die gesundheits- und figurbewusste Ernährung hat seit Anfang des 21. Jahrhunderts einen massiven Zulauf.

Diesem Paradigmenwechsel in den Ernährungsgewohnheiten ging eine Epoche **der Völlerei** voraus. Ab den **1970er-Jahren** änderte sich die Zusammensetzung der Nahrung in Dänemark radikal. Mehr Milchprodukte, mehr Fette und ein rapider Anstieg des Fleischkonsums begleiteten den ökonomischen Aufschwung des Landes. Allein in dem Jahrzehnt von 1970 bis 1980 stieg der Fleischverzehr pro Kopf um satte 40 %. Das Aufkommen der Fastfoodketten und Imbissbuden trug seinen Teil zum **kollektiven Übergewicht** bei. Parallel dazu sank der Verzehr von Gemüse, Obst und Fisch.

Seit der Jahrtausendwende findet im Königreich jedoch ein **Umdenken** statt. Verhallten die Warnungen der Ernährungswissenschaftler zuvor noch ungehört, so geben die Medien ihnen heute eine öffentliche Plattform. Neue Kochbücher mit **gesünderen Gerichten** und Gesundheitsförderungsbestrebungen der Politik statt Industrielobbyismus à la „Det er smørret der gør'et" (etwa „Die Butter machts") haben dieses Umdenken

010kn Abb.: cmc/Morten Jerichau

angestoßen. „Die neue nordische Küche", eine Initiative des Nordischen Rats, Kochshows, die leichtere Gerichte präsentieren, und nicht zuletzt ein wahrer **Boom moderner Restaurants**, die wie Pilze aus dem Boden schossen, sind Eckpunkte dieses veränderten Bewusstseins. Aber keine Sorge, unsere nördlichen Nachbarn sind definitiv nicht zu reinen Blattgemüse- und Tofuessern mutiert. Neben den leichteren Speisen haben die klassischen dänischen Gerichte noch immer ihren Platz – nur etwas ausgewogener ist alles geworden.

„Smörebröd, Smörebröd, röm pöm pöm pöm" verbinden nicht nur alteingesessene Fans der Muppet Show mit dem dänischen Koch bzw. der dänischen Küche. An der Verballhornung ist durchaus etwas Wahres dran, denn das **Smørrebrød** ist bis heute integraler Bestandteil der nordischen Küche. Anfangs waren die mit Butter oder Margarine bestrichene Brotscheiben, die mit Käse, Aufschnitt oder Leberpastete belegt waren, die günstigste Möglichkeit, eine Mahlzeit jenseits der eigenen Wohnung zu sich zu nehmen, da man sie z. B. leicht mit zur Arbeit nehmen konnte. In den 1880er-Jahren eröffneten im Kopenhagener Stadtgebiet die ersten **spezialisierten Restaurants**, die ausschließlich Smørrebrød auf ihrer Speisekarte hatten. Über die Jahre wurden aus den einfachen Butterbroten **regelrechte Kunstwerke.** Oberhalb der **Grau- oder Vollkornbrotscheibe** türmten sich dann **kreativste Kompositionen**, die aus Wurst, Bratenaufschnitt, *leverpostej* (leckere dänische Leberpastete), Fisch oder Krabben bestehen. Garniert wird das Ganze dann mit Tomaten, Gurken, Zwiebelringen oder Röstzwiebeln, Sa-

Die eher deftige dänische Küche sollte man sich keinesfalls entgehen lassen

lat, Eiern oder was dem Küchenchef sonst noch einfällt. Oftmals dienen Remoulade oder Kaviar zur Verfeinerung des kulinarischen Gesamtkunstwerks. Am einfachsten isst man die voluminösen Butterbrote mit Messer und Gabel, da sonst auf dem Weg vom Teller zum Mund die Auflage gerne mal auf der Hose landet.

Aus dem Alltag nicht wegzudenken sind die **Røde Pølser**, auch Hotdog genannt, die an den mobilen *Pølsevogn* (s. S. 30) seit Jahrzehnten in ganz Dänemark erfolgreich verkauft werden. Charakteristisch ist die **knallrote Lebensmittelfarbe**, mit der die Pelle der Schweinswürstchen traditionell eingefärbt wird. Ohne Beilagen ist der Geschmack der Pølser eher bescheiden, in der Brot-Ketchup-Senf-Remoulade-Röstzwiebeln-Gurken-Kombination sind sie jedoch sehr lecker, wenn auch sicherlich kein Beitrag zur gesundheitsbewussten Ernährung. Jeder sollte einmal die ca. 30 kr investieren, um anschließend abfällig urteilen zu können oder sich umgehend einen zweiten Hotdog zu bestellen.

„Hr. og fru Jensen", die dänischen Pendants zum „Otto Normalverbraucher" und seiner Frau, beginnen ihren kulinarischen Tag mit dem **morgenmad.** Ähnlich wie in Mitteleuropa steht dabei oftmals Brot mit *syltetøj* (Marmelade), *pålæg* (Aufschnitt) oder *ost* (Käse) auf dem Tisch. Alternativ werden auch gerne Müsli oder Cornflakes verköstigt, die erst mit Milch oder *ymer* genießbar werden. *Ymer* ist eine Art säuerlicher, dickflüssiger Yoghurt, den man ausschließlich in dänischen Supermarktkühlregalen findet. Auch als Zwischenmahlzeit ist *ymer* sehr populär und wird dabei gerne mit Früchten oder gesüßten Brotkrümeln verfeinert. Am Wochenende, wenn man sich mehr Zeit für das **Frühstück** gönnt, stehen selbstverständlich auch *rundstykker* (Brötchen) oder *krydderboller* auf dem Speiseplan. *Krydderboller* sind Brötchen, die im Ofen oder im Toaster aufgebacken werden müssen und dann eine eher knusprige Konsistenz haben. Die noch warmen Brötchenhälften werden anschließend – besonders gerne von Kindern – mit *pålægschokolade* belegt. Das sind hauchdünne Schokoladenscheiben, die dann auf der warmen Brötchenoberfläche dahinschmelzen.

Das dänische **frokost** hat nicht die Relevanz des deutschen **Mittagessens.** Fast mediterran anmutend wird zur Mittagszeit im Norden eher ein kleiner bis mittlerer Snack – ein Smørrebrød, eine Suppe oder ähnliches – zu sich genommen.

Dafür wird im Laufe des Nachmittags nur selten auf die **Kaffeepause** verzichtet und zum *kaffe* darf das *wienerbrød* nicht fehlen. Das sind kleine Plunder- oder Blätterteiggebäcke, die mit Zuckerguss, Schokoladenguss, Pudding oder süßer Creme gefüllt beziehungsweise garniert sind. Eine spezielle Pfanne mit sieben konkaven Einbuchtungen benötigt man für die Zubereitung von *æbleskiver.* Die wörtliche Übersetzung „Apfelscheiben" führt jedoch in die Irre, da die Köstlichkeit rund ist und heutzutage auch keine Äpfel mehr enthält. Auf Basis von Pfannkuchenteig entstehen die kleinen Bällchen durch Wenden in der Spezialpfanne. Noch im warmen Zustand werden sie serviert und nach dem Eintunken in Marmelade genüsslich verspeist.

Die unbestrittene **Hauptmahlzeit** des Tages heißt auf Dänisch **aftensmad** und wird traditionell im ganzen Land zwischen 18 und 19 Uhr zu sich genommen. Noch heute gilt es als familiäres Ereignis, an dem alle Familienmitglieder teilnehmen – allen gesellschaftlichen Individualisierungstendenzen zum Trotz. Dabei steht die kräftige Fleischmahlzeit, insbesondere vom Schwein, hoch im Kurs. Jährlich essen die Untertanen von König Frederik X. pro Kopf knapp 60 kg Fleisch. Die populärste Beilage sind gekochte Kartoffeln, die oft durch Gemüse ergänzt werden. Seit der Verbreitung des Fleischwolfs vor über 100 Jahren lieben die Dänen auch Gerichte auf Hackfleischbasis. Als Resultat landen dann *hakkebøffer* (Frikadellen) auf dem Teller und die obligatorischen Kartoffeln werden von einer kräftigen braunen Soße und angebratenen Zwiebeln begleitet. Auch die *medisterpølse* (Medisterwurst) verdankt ihr Entstehen dem Fleischwolf: Gehacktes vom Schwein wird dabei in einen Wurstdarm gedrückt und in der Pfanne gebraten. Der Dänen liebstes Gericht ist aber zweifelsfrei *flæskesteg* (Schweinebraten). Bei der Zubereitung im Ofen wird die Fettschicht auf der Oberfläche des Bratens nicht entfernt, sondern bildet eine besondere Köstlichkeit, die abgetrennt vom Braten und in Streifen geschnitten mit den Händen gegessen wird. Rotkohl, Kartoffeln und eine braune Soße runden den Schweinebraten ab.

Als **typisches Weihnachtsmahl** ist der Braten besonders am 24. Dezember sehr beliebt. Dabei wird ein Teil der Erdäpfel als normale Salzkartoffeln zubereitet, während besonders die kleineren Kartoffeln zusätzlich in der Pfanne karamellisiert und als *brunede kartofler* serviert werden. Das Weihnachtsessen wird traditionell mit einer großen Schüssel *risalamande* abgeschlossen. Das ist Milchreis, der mit Zucker, klein gehackten Mandelstücken und viel Schlagsahne verfeinert wird. Gekrönt wird das Dessert mit heißer Kirschsoße. In der großen Schüssel ist immer eine ganze geschälte Mandel versteckt. Der glückliche Finder der Mandel erhält im Anschluss die *mandelgave,* ein kleines Geschenk, das je nach Familie variiert. Ein besonderer Spaß ist es dabei, den Fund der Mandel möglichst lange geheim zu halten, um die anderen Familienmitglieder dazu zu bewegen, die ganze Schüssel auch wirklich zu leeren. Die Backentasche hat sich hierbei als Versteck bewährt.

Während die Dänen am Tage die üblichen **Getränke** wie Säfte, Softdrinks, Wasser und natürlich viel Kaffee zu sich nehmen, steht am Abend das **Bier** an erster Stelle. Mit so berühmten Marken wie **Carlsberg, Tuborg** oder **Faxe** haben die dänischen Braumeister auch auf dem internationalen Markt Fuß gefasst. So wundert es wenig, dass Hopfengetränke aus dänischer Produktion auch von den heimischen Konsumenten bevorzugt werden. Das Spektrum der diversen Bierarten ist zwar nicht so groß wie in Deutschland, aber man sollte bei einem Besuch durchaus mutig sein und einmal unbekannteren Brauereien eine Chance geben. In der Vorweihnachtszeit konkurrieren die Anbieter mit ihren eigenen **julebrygs (Weihnachtsbieren)** um die Gunst der Biertrinker. Die Weihnachtsbiere sind für gewöhnlich etwas weniger herb als die Biere Pilsener Brauart und haben mit 5,5 bis 6,5 % einen höheren Alkoholgehalt. In der Zeit **vor Ostern** werden die kräftigen *påskebrygg* – statt Schneeflocken sind nun Osterhasen und Ostereier auf dem Etikett – in den Kneipen ausgeschenkt und an exponierter Stelle im Supermarkt platziert.

Kommt der Kellner oder kommt er nicht?

In der Kopenhagener Gastronomie wird die **Bestellung oft nicht am Tisch aufgenommen.** Wenn sich also kein Kellner an den Tisch „verirrt", sollte man nicht verärgert auf seinem Sitzplatz verweilen, sondern einfach freundlich an der Servicetheke nachfragen, wo die Bestellung abgegeben werden soll.

Während des Essens, besonders bei Heringsgerichten, nimmt man in Dänemark gerne mal einen Schluck vom Lebenswasser, dem Aqua Vitae, heute als **Aquavit** bekannt. Der klare Schnaps aus dem Norden wird idealerweise in eisgekühlten Gläsern serviert, hat einen Alkoholgehalt zwischen 38 und 45 % und sollte deshalb mit Vorsicht genossen werden. Besonders dänische Männer scheinen nach den üppigen Mahlzeiten unter Verdauungsproblemen zu leiden – und was hilft da besser als ein Verdauungsschnaps.

Die beliebteste „Medizin" des Landes ist eindeutig der „Alte Däne", eher bekannt unter seinem Markennamen **Gammel Dansk.** Der Magenbitter aus 29 Kräutern und Gewürzen schmeckt ziemlich bitter und besonders Ausländer probieren ihn nur einmal.

Ein Beitrag über die dänische Küche wäre unvollständig, würde das berühmteste Gericht unerwähnt bleiben. Die Speise ist aber vor allem wegen der für des Dänischen Unkundige problematischen Aussprache bekannt: **Rød grød med fløde** ist das dänische Pendant zum deutschen Zungenbrecher „Fischers Fritz…". Um ausländischen Dänischlernern auf den Zahn zu fühlen, wird man in einer Runde Einheimischer unter Garantie aufgefordert, die magischen Worte zu wiederholen. Gelingt einem dies akzentfrei, erntet man anerkennendes Nicken und Schulterklopfen und wird umgehend zu den Muttersprachlern gezählt. Übrigens bedeutet der Zungenbrecher nichts anderes als „rote Grütze mit Sahne"!

Empfehlenswerte Lokale

In Kopenhagen fällt die **typische Klassifizierung** von Restaurant, Kneipe oder Café nicht ganz einfach. Viele Lokale haben einen „Hybridcharakter", d. h. eine Unterscheidung fällt schwer, wenn ein Café am Wochenende bis 5 Uhr morgens geöffnet hat.

Man sollte deshalb auch ruhig unter der Rubrik „Cafés" (s. S. 75) nachsehen, da in allen aufgelisteten Lokalitäten auch Speisen gereicht werden.

Dänische Küche

41 [B1] **Aamanns Smørrebrød** €, Øster Farimagsgade 10–12, Tel. 20805202, www.aamanns.dk, geöffnet: tägl. 10.30–19.30 Uhr. Eines der dänischsten aller dänischen Gerichte wird im Aamanns aufgetischt: Smørrebrød in allen Facetten steht auf der Speisekarte – die deutsche Übersetzung „Butterbrot" ist dabei eher irreführend. Frisches Brot dient als Grundlage und wird mit diversen frischen Zutaten wie Fisch, Aufschnitt und Gemüse verfeinert. In dem Deli und Takeaway kann man auch Smørrebrød zum Mitnehmen bestellen.

42 [B3] **Brdr. Price** €€€, Rosenborggade 15–17, Tel. 38411020, www.brdr-price.dk, geöffnet: Mo.–Do. 12–22, Fr., Sa. 12–24 Uhr. Hier haben die Brüder Adam und James Price, u. a. bekannt durch eine Kochshow im dänischen TV, ihr erstes von inzwischen drei Restaurants

Gastro- und Nightlife-Areale

Bläulich hervorgehobene Bereiche in den Karten kennzeichnen Gebiete mit einem dichten Angebot an Restaurants, Bars, Clubs, Discos etc.

Preiskategorien

Die hier aufgeführte Preiseinteilung gilt für ein Hauptgericht ohne Getränke.

€	bis 150 kr (ca. 20 €)
€€	150–225 kr (ca. 20–30 €)
€€€	über 225 kr (über 30 €)

dänemarkweit eröffnet. In der „Spisestuen“ sind die Tische schick eingedeckt und es geht eher klassisch zu. Das Angebot könnte als „Großmutters dänische Küche, französisch verfeinert“ charakterisiert werden.

43 [B7] **Lillians Smørrebrød** €, Vester Voldgade 108, Tel. 33142066, http://lillians-smorrebrod.dk, geöffnet: Mo.–Fr. 8–14 Uhr. Seit 1978 hat sich das Konzept bei Lillian nicht geändert: drei Dutzend Arten von Smørrebrød, klein oder groß, die in familiärer Atmosphäre zur Mittagszeit serviert werden. Dänischer geht es kaum.

44 [D3] **Madklubben København** €€€, Store Kongensgade 66, Tel. 38423414, www.madklubben.dk, geöffnet: Mo.–Sa. 17.30–24 Uhr. Die schlichte, aber geschmackvolle Inneneinrichtung wirkt unspektakulär und es gibt keine Speisekarten – die Gerichte sind auf den Telleruntersetzer gedruckt, doch was dann serviert wird, ist hervorragend. Leckere dänische Küche mit 1-, 2- oder 3-Gänge-Menüs und ausgesprochen fairer Preisgestaltung.

› **Meyers i Tårnet** €€€, im Turm von Schloss Christiansborg 10, Tel. 28101402, https://meyers.dk/restauranter/meyers-i-taarnet, geöffnet: Di.–Sa. 11.15–16.30 und 17.30–22, So. nur 11.15–16.30 Uhr. In der imposanten Speisehalle, direkt im Turm des Parlaments gelegen, kann man schon mal Tisch an Tisch mit Parlamentariern und Ministern speisen (deshalb müssen alle Gäste eine Sicherheitskontrolle wie am Flughafen durchlaufen). Feine dänische Küche und edle Werke des Konditormeisters werden hier aufgetischt – tolle Atmosphäre.

45 [B5] **PUK** €€€, Vandkunsten 8, Tel. 33111417, www.restaurantpuk.dk, geöffnet: tägl. 12–24 Uhr. Vom Smørrebrød über dänische Frikadellen bis hin zu Fischgerichten und Salaten reicht die urdänische Speisekarte des PUK. Trotz des historischen Ambientes – das Gebäude beherbergte im 16. Jahrhundert bereits die königliche Brauerei – stimmt das Preis-Leistungs-Verhältnis.

46 [B2] **Restaurant Under Uret** €€, Øster Farimagsgade 4, Tel. 2835 3510, https://restaurantunderuret.dk, geöffnet: tägl. 11.30–16 Uhr. Im Jahr 2014 wurde aus der einfachen Bierkneipe „Unter der Uhr“, die seit 1883 bestand, ein beliebtes Smørrebrød-Restaurant. Insgesamt 29 unterschiedliche Variationen werden angeboten. Neben Smørrebrød werden auch reguläre dänische Gerichte aufgetischt. Sehr rustikal und ursprünglich-gemütlich.

Internationale Küche

47 [B1] **Gravy** €–€€, Øster Farimagsgade 31, Tel. 35382777, https://gravycph.dk, geöffnet: Mo.–Fr. 11–22 Uhr. Das Gravy ist ein kleines, eher unscheinbares Restaurant. Jedoch ist hier das Preis-Leistungs-Verhältnis sehr attraktiv – die täglich wechselnde Speisekarte mit jeweils zwei Hauptgerichten macht es möglich. Auch wenn ein italienischer Schwerpunkt auszumachen ist, sind die Gerichte doch generell international ausgerichtet.

48 [A5] **Halifax Burger Restaurant** €, Larsbjørnsstræde 9, Tel. 82304301, www.halifax.dk, geöffnet: Di.–Do. 11.30–21.30, Fr., Sa. 11.30–22, So., Mo. 11.30–21 Uhr. Die Burger der Halifax-Kette – im Stadtgebiet existieren insgesamt sieben Filialen – würden sich auf dem Grill umdrehen, würde man sie auch nur ansatzweise mit ihren Namensvettern aus den bekannten amerikanischen Burgerschmieden vergleichen! Der Gast wählt aus unterschiedlichen Hamburgerkreationen aus und individualisiert sein Wunschgericht in drei weiteren Auswahlschritten: Fleischauflage, Beilagen und Soße. Burger at its best!

49 [dn] **Kødbyens Fiskebar** €€€, Flæsketorvet 100, Tel. 32155656, https://fiskebaren.dk, So.–Do. 11.30–24, Fr., Sa. 11.30–1 Uhr. Im Szeneviertel Kødbyen liegt diese Speisestätte, die sich exklusiv auf Fisch und Meeresfrüchte fokussiert: egal ob Jakobsmuschel, Seeteufel oder Tintenfisch – hier wird alles frisch und liebevoll aufgetischt.

50 [D4] **Mash** €€€, Bredgade 20, Tel. 33139300, www.mashsteak.dk, geöffnet: So.–Mi. 17.30–22, Do.–Sa. 17.30–23 Uhr, Mittagstisch Mo.–Fr. 12–15 Uhr (im Juli kein Mittagstisch!). Das elegante, rot-schwarze Interieur deutet bereits an, dass dies kein normales Steakhouse ist. Auf der Karte sind natürlich Steaks jeglicher Couleur im Fokus und selbst japanisches Kobe Beef wird feilgeboten. Außerdem sind Fisch und Meeresfrüchte erhältlich.

51 [dn] **Mother** €, Høkerboderne 9–15, Tel. 22275898, www.mother.dk, geöffnet: So.–Do. 11–23, Fr., Sa. 11–24 Uhr. Sauerteig ist die Mutter aller Teige und Brote und die Spezialität dieses italienischen Restaurants. Dem schnörkellosen Interieur mit seinen weißen Fliesen sieht man – und das ist konzeptionell beabsichtigt – noch die ursprüngliche Funktion der Pizzeria an. Das Mother ist einer der populärsten „Futtertröge" im ehemaligen Schlachthofviertel in Vesterbro. Zur

Im Sommer sitzen die Kopenhagener gerne unter freiem Himmel wie hier am Sankt Hans Torv 35

Trinkgeld

Trinkgeld wird in Dänemark nicht erwartet und ist grundsätzlich **in den Preis eingerechnet.** Trotzdem freut sich jeder Kellner über eine kleine Aufmerksamkeit und ein **moderates Aufrunden des Rechnungsbetrages** ist bei gutem Service durchaus angemessen. Taxifahrer oder Hotelpersonal wissen diese Gaben ebenfalls sehr zu schätzen.

Herstellung des Pizzateigs wird gefiltertes Meerwasser anstatt Süßwasser und Salz verwendet.

52 [dk] **Nørrebro Bryghus** €€, Ryesgade 3, https://noerrebrobryghus.dk, Tel. 35300530, geöffnet: Do.–So. 12–24 Uhr (Mo.–Mi. 12–22 Uhr nur Barbetrieb, ohne Küche). Auch wenn man kein passionierter Biertrinker ist, man sollte das Hopfengetränk schon mögen, wenn man hier einkehrt. Die hauseigene Mikrobrauerei zaubert ganz hervorragende Bio-Biere ins Glas, was auch durch diverse Preise bei internationalen Wettbewerben bestätigt wird. Die feine, aber übersichtliche Speisekarte reicht von Fisch- und Fleischgerichten bis hin zu 4-Gänge-Menüs. **Zum Zeitpunkt der Drucklegung wegen Renovierung geschlossen.**

Vegetarische Küche

Neben den im Folgenden aufgeführten rein vegetarischen Lokalen bieten fast alle anderen Speisestätten ebenfalls fleischlose Gerichte an. Seit Beginn des 21. Jahrhunderts gibt es eine sehr populäre Bewegung in Dänemark, die sich auf die **ökologische Lebensmittelproduktion** konzentriert. Nachdem die meisten Restaurants sich darauf eingestellt hatten, schwappte die Welle auch in die Supermärkte. In jedem großen Lebensmittelgeschäft sind seitdem beständig wachsende Abteilungen mit rein ökologischen Produkten zu finden.

53 [C4] **42° Raw** €, Pilestræde 32, Tel. 32123210, www.42raw.com, geöffnet: Mo.–Fr. 8–20, Sa., So. 9–18 Uhr. Weder Topf noch Pfanne, weder Ofen noch Herd, weder Fleisch noch tierische Produkte – im 42° Raw ist die Nahrungszubereitung sehr ungewöhnlich. Kein Produkt wird über 42 Grad erhitzt. Dies soll die Hochwertigkeit der Zutaten und den Vitamingehalt der Lebensmittel erhalten. Die Gerichte aus den sogenannten Dehydratoren sind auf jeden Fall einen Versuch wert. Und auf den Milchkaffee muss auch niemand verzichten: Er wird ganz vegan mit Mandelmilch zubereitet.

54 [B7] **Ansvar Restaurant** €€€, Kalvebod Brygge 10, im 6. OG das Hotels Scandic Spectrum, Tel. 77309885, https://restaurantansvar.dk, geöffnet: Di.–Sa. 17.30–21 Uhr (Bar bis 24/1 Uhr geöffnet). Die Zeiten, als vegetarischen Restaurants noch ein Exotenstatus zugesprochen wurde, sind lange vorbei: Das Ansvar („Verantwortung") ist ein fleischloses Restaurant der obersten Kategorie, der Küchenchef arbeitete zuvor im weltberühmten Restaurant Noma. Neben der edlen Küche bestechen auch die Aussicht auf den Hafen und die schicke Außenterrasse.

55 [cj] **Grød Bar** €, Jægersborggade 50, geöffnet: Tel. 50585579, http://groed.com, geöffnet: Mo.–Fr. 8–21, Sa., So. 9–21 Uhr. Zwei Schulfreunde hatten eine sehr ungewöhnliche Idee und haben aus ihrer persönlichen Leibspeise eine Restaurantidee gemacht: die Brei-Bar. Ausschließlich vegetarische Breigerichte, die aber mit Omas Griesbrei nur noch wenig gemein haben, werden hier feilgeboten. Wie wäre es mit einer Hafer-Möhren-Grütze mit Haselnusssplittern? Oder einem Pfifferling-Petersilien-Risotto und Apfelmus mit Vanillesoße zum

Nachtisch? Das Konzept ist so erfolgreich, dass neben dem „Mutterschiff" in der Jægersborggade noch sechs weitere Brei-Restaurants in Kopenhagen eröffnet haben (Infos siehe Website).

56 [F6] **Morgenstedet** € , Fabriksområdet 134, https://morgenstedet.dk, geöffnet: Di.-So. 12-21 Uhr, nur Barzahlung. Mitten im Freistaat Christiania liegt diese kleine, vegetarische Perle. Ausschließlich ökologisch angebaute Zutaten kennzeichnen die Speisekarte. Die warmen und kalten Gerichte können im Sommer ganz romantisch im Garten des Restaurants genossen werden.

Cafés und Imbisse

57 [A3] **Bankeråt,** Ahlefeldtsgade 27-29 (Ecke Nansensgade), Tel. 33936988, www.bankeraat.dk, geöffnet: Mo., Di. 10.30-23, Mi.-Sa. 10.30-24, So. 10.30-20 Uhr. Das Bankeråt ist ein gemütliches Café, dessen Speisekarte ganz global ausgerichtet ist und sich thematisch von Europa über Afrika bis nach Asien erstreckt. Beim erstmaligen Betreten bitte nicht erschrecken: Das Bankeråt beherbergt diverse ausgestopfte Tiere, die in menschliche Kleidung gesteckt auf einmal auch sehr menschlich wirken.

58 **Café Dragør SejlKlub,** Strandlinien 1B, 2791 Dragør, Buslinie 33 und 35, Haltestelle: Kongevejen, von dort 400 m zu Fuß, Tel. 22521519, http://cafedragoersejlklub.dk, geöffnet: Mo.-Sa. 12-21, So. 12-20.30 Uhr. Auch wenn das „Segelclub-Café" etwas ab vom Schuss liegt, so kompensieren die einmalige Lage und der unverstellte Ostseeblick die längere Anreise. Im Sommer mit Außenterrasse direkt im beschaulichen Bootshafen von Dragør.

59 [E6] **Café Oven Vande,** Overgaden Ovenvandet 44, www.cafeovenvande.dk, Tel. 32959602, geöffnet: tägl. 10-24 Uhr. Dieses nette Café hat eine unschlagbare Lage direkt am Christianshavn-Kanal. Von den Fensterplätzen des Cafés aus kann man das Leben auf dem Wasser beobachten und im Sommer trennt einen nicht einmal mehr eine Glasscheibe vom bunten Treiben des Viertels. Mit seinem Brunch ist das Café außerdem ein toller morgendlicher Startpunkt für die Stadterkundung.

MEIN TIPP

Dänisches Eis

Was gibt es an einem lauen Sommernachmittag besseres als ein erfrischendes Eis? Da ist man in Dänemark genau richtig, denn in kaum einem Land der Welt wird pro Kopf mehr Speiseeis verköstigt.

Ob man zu einem abgepackten Eis, einem Softeis oder zum dänischen Klassiker **Gammeldags Isvafler** greift, muss jeder selbst entscheiden, aber eins ist sicher: Ausgezeichnete Qualität haben alle. Das Gammeldags Is („Eis aus Omas Zeiten") ist etwas Besonderes. Mit einer **Waffel** als Fundament wählt man je nach Geschmack **überdimensionale Eiskugeln.** Anschließend kann man noch die Option mit „skum" wählen. Das ist ein ausgesprochen süßer **Eiweißschaum,** der entweder mit **Marmelade** oder **Schokostreuseln** bestreut wird.

Findet man nun noch eine ruhige Bank und verdrängt, wie viel Kalorien man gerade in der Hand hält, ist der Tag gerettet. Zwei zentrale Anlaufpunkte für Eisgelüste sind:

60 **Paradis (Fisketorvet),** Kalvebod Brygge 59 (im Shoppingcenter Fisketorvet), Tel. 40508575, https://paradis-is.dk, geöffnet: tägl. 10-20 Uhr

61 [A3] **Paradis (Vesterbro),** Vesterbrogade 47 (Vesterbro Torv), www.paradis-is.dk, geöffnet: in den Sommermonaten tägl. 12-22 Uhr

012kn Abb.: ld

62 [dm] **Café Trold,** Vesterbrogade 53, Tel. 33313414, https://cafetrold.dk, geöffnet: So.–Mi. 10–24, Do.–Sa. 10–2 Uhr. Familien, Geschäftsleute und Studenten bevölkern das Trold am autofreien Vesterbro Torv. Kleine Preise dominieren die Speisekarte und schon für wenig Geld gibt es einen üppigen Brunch. Die Happy Hour – tägl. 15–19 Uhr – lockt mit günstigen Bieren.

63 [E6] **Christianshavns Bådudlejning & Café,** Overgaden Neden Vandet 29, Tel. 32965353, www.baadudlejningen.dk, geöffnet: April–Sept. tägl. 8.30–24, Okt.–März Do. 15.30–22, Fr. 15.30–24, Sa. 12–24, So. 12–22 Uhr, Herbst–Ende Dez. mit der gemütlichen „vinterhytten". Auf einem kleinen schwimmenden Ponton befindet sich diese urige Einkehrmöglichkeit. Am Kai des Christianshavn-Kanals kann man den vorbeifahrenden Bootspassagieren im wahrsten Sinne des Wortes die Hand reichen.

In den Sommermonaten sind Sitzplätze auf dem Trottoir – hier vor dem Café Oven Vande (s. S. 75) – sehr populär

64 [B5] **Conditoriet La Glace,** Skoubogade 3, Tel. 33144646, https://laglace.dk, geöffnet: Mo.–Fr. 8.30–18, Sa. 9–18, So. 10–18 Uhr. Seit 1870 dreht sich in diesem Lokal alles um Torten, Torten und nochmals Torten! Deshalb bitte bloß den Kalorienzähler zu Hause lassen und einfach die einmaligen Leckereien der ältesten Konditorei der Stadt genießen. Auch für Kuchenmuffel lohnt sich ein Besuch, da die historische Inneneinrichtung ein Genuss für die Augen ist. Köstliche Mitbringsel für die Daheimgeblieben kann man ebenfalls erstehen. Die Qualität hat jedoch ihren Preis.

65 [D4] **FIAT,** Kongens Nytorv 18, Tel. 33142277, www.f-i-a-t.dk, geöffnet:

tägl. 12–24 Uhr (Küche pausiert zwischen 16 und 17.30 Uhr). Die italienische Trattoria im Herzen der Stadt bietet preiswerte und gute Gerichte und ist eine echte Alternative zu den üblichen Fastfoodbuden und Schnellimbissen. Im Sommer kann man sogar an Tischen auf dem Trottoir speisen und die Passanten beobachten – fast wie in Italien.

66 [hn] **Foodie Amager** € , Amagerbrogade 13, Tel. 32965656, http://foodie-cph.dk, geöffnet: Mo.–Fr. 11–19, Sa. 12–16 Uhr. Direkt an der belebten Amagerbrogade gelegen bietet dieses Minirestaurant ökologische Speisen an. Das Brot backt die Küchenmannschaft selbst und besonders die variantenreichen Sandwiches sind zu empfehlen. Auch für Vegetarier finden sich auf der Speisekarte diverse Alternativen.

67 [D6] **Kayak Bar,** Børskaj 12, Tel. 30490013, https://kayakbar.dk, geöffnet: Mo.–Mi. 16–23, Do.–Sa. 10–1, So. 10–16 Uhr (im Sommer teilweise erweiterte Öffnungszeiten). Näher ans Wasser kommt man nicht! Die Kayak Bar, direkt am Hafenufer gelegen, ist eine typische Kopenhagener Hybridlokalität: Café, Bar und Restaurant in einem. In den warmen Sommermonaten ist besonders die hölzerne Außenterrasse ein Besuchermagnet. Beim integrierten Kayakverleih kann man sich vor oder nach dem Essen sportlich betätigen.

68 [dj] **Sebastopol,** Sankt Hans Torv 32, Tel. 35363002, www.sebastopol.dk, geöffnet: So.–Do. 10–22, Fr., Sa. 10–24 Uhr. Etwas abseits der touristischen Hauptrouten ist eines der schönsten Cafés von Nørrebro gelegen. Ganz im französischen Stil gehalten, lädt im Sommer der großzügige Außenbereich zum Verschnaufen, Stärken und natürlich Gucken ein. Auf der Speisekarte finden sich leckere Sandwiches und Salate sowie Kaffeespezialitäten, Bier und Wein.

Meine Tipps

Lokale mit Aussicht

Von oben sieht man Dinge bekanntlich immer etwas besser. Im **Bang & Jensen** (s. S. 78) sitzt man zwar ebenerdig, aber die vorbeiflanierenden Passanten sind auch ein abwechslungsreiches Schauprogramm. Das **Café Oven Vande** (s. S. 75) liegt zwar auch nur drei Meter über dem Meeresspiegel, aber genau am Christianshavn-Kanal. Hier befindet sich auch das gemütliche **Christianshavns Bådudlejning & Café** (s. S. 76).

Für den späten Hunger

Hat die Restaurantküche bereits geschlossen, bietet die hauptstädtische Imbissszene immer noch einen lebensrettenden Snack an. Für die Wurst, den Hamburger oder den überbackenen Toast sollte man zu nächtlicher Stunde entweder die mobilen **pølsevogn** (Wurstwagen) oder die zahlreichen **Eckkioske** ansteuern, in denen zumeist auch einfache warme und kalte Stärkungen angeboten werden.

Smoker's Guide

Analog zum weltweiten Trend werden den Rauchern auch in Dänemark die Daumenschrauben angezogen. Seit einigen Jahren schon ist das **Rauchen in allen öffentlichen Gebäuden, Restaurants, Cafés und Bars untersagt** und nur wenige Etablissements bieten spezielle Raucherzimmer an, in denen jedoch weder getrunken noch gegessen werden darf. Im dänischen Anti-Rauch-Gesetz gibt es nur eine winzige Lücke: In Gaststätten mit weniger als 40 m^2 Grundfläche, die keine frischen Speisen servieren, darf weiterhin geraucht werden. Ansonsten bleibt den Nikotinjüngern nur das Trottoir.

Kopenhagen am Abend

Das Kopenhagener Nachtleben ist geografisch etwas schwer einzuordnen, da die meisten Stadtviertel ihr eigenes nächtliches Epizentrum besitzen. Deshalb sollte man gegebenenfalls ein oder zwei Areale auswählen und dort die Kneipen, Bars und Clubs unsicher machen. Sehr positiv: Einen Dresscode gibt es in den meisten Lokalitäten nicht und somit ist für eine bunte Mischung des Publikums gesorgt.

Bars und Kneipen

69 [cn] **Bang & Jensen,** Istedgade 130, Tel. 33255318, www.bangogjensen.dk, geöffnet: Mo.-Di. 7.30-24, Mi.-Fr. 7.30-2, Sa. 10-2 Uhr, So. 10-24 Uhr. Früher wanderten hier Tabletten und Medizin über die Ladentheke, heute werden in der ehemaligen Apotheke Bang & Jensen Kaffee, Bier und leckere Gerichte zum Kunden hinübergeschoben. Viele Stammgäste sehen die Bar – oder ist es ein Café? – als ihr zweites Wohnzimmer an und an den Wochenenden werden nicht nur die Sitzgelegenheiten auf dem Gehsteig knapp.

70 [A5] **Heidi's Bier Bar,** Vestergade 18, Tel. 31737306, www.heidisbierbar.dk, geöffnet: Mo.-Mi. 16-2, Do. u. Sa. 16-5, Fr. 14-5 Uhr. Wer die Heimat nicht ganz hinter sich lassen kann, der ist in der Après-Ski-Kneipe (!) in der Nähe des Rathausplatzes gut aufgehoben. Ein idealer Ort, um ins wochenendliche Nachtleben zu starten. Die Bedienungen im Dirndl haben über 40 Biersorten im Angebot und bei Länderspielen der dänischen Nationalmannschaft gibt es für jedes Tor der Rot-Weißen ein Freibier pro Gast.

71 [dk] **Kassen,** Nørrebrogade 18B, Tel. 71929218, www.kassenbar.dk, geöffnet: Do. 19-3, Fr. 16-4, Sa. 18-4 Uhr. Hier konzentrieren sich die Gäste auf das, was man in einer Bar zu tun pflegt: Es wird kräftig getrunken, da die Preise für Hauptstadtverhältnisse moderat sind (allabendlich Happy-Hour-Angebote). Eher legere Kleidung ist angesagt und besonders die feinen und kräftigen Cocktails sorgen am Wochenende für ausgelassene Stimmung.

72 [dk] **Kung Fu,** Ravnsborggade 16b, Tel. 40636976, https://kungfubar.dk, geöffnet: So.-Do. 17-22, Fr., Sa. 17-2 Uhr. Als Vorbild des Kung Fu dienen japanische Izakayas: wenig formelle Kneipen mit kleinen, aber feinen Gerichten und einer großen Getränkekarte. Die Speisen sind japanisch geprägt und sogar Nippons führende Biermarken sind erhältlich.

73 [dm] **Lidkoeb,** Vesterbrogade 72b (im Hinterhof gelegen), Tel. 33112010, http://lidkoeb.dk, geöffnet: Mo.-Do. 16-2, Fr., Sa. 15-2, So. 18-2 Uhr. Wo über 100 Jahre lang Pillen gedreht und Tinkturen angerührt wurden – das Lidkoeb residiert in einer ehemaligen Apotheke –, werden seit wenigen Jahren Biere gezapft und tolle Cocktails gemischt. Auf drei Etagen wird hier getrunken und kommuniziert. Im dritten Stockwerk gibt es ausschließlich edle Whiskysorten. Atmosphärisch und hinsichtlich des Interieurs ein absolut gelungenes Gastro-Highlight.

74 [cn] **McKluud,** Istedgade 126, Tel. 33316383, www.mckluud.dk, geöffnet: tägl. 14-2 Uhr. Die Betreiber des McKluud widersetzen sich konsequent und vehement jeglichen Modernisierungsbestrebungen: Das Interieur blieb seit der Eröffnung in den 1970er-Jahren unangetastet – und einige Stammgäste scheinen seit dieser Zeit auch ununterbrochen auf ihren Barhockern zu sitzen! Besonders am Wochenende kommen auch jüngere Leute in die Westernkneipe, um Billard zu spielen oder ein billiges Flaschenbier zu verköstigen. Eine typisch dänische Eckkneipe, eine Spezies, die leider im Aussterben begriffen ist.

75 [dj] **Mexibar,** Elmegade 27, Tel. 35377766, geöffnet: Fr., Sa. 18–3 Uhr. Es wird – selbst für gebürtige Kopenhagener – schwierig sein, eine Cocktailbar mit attraktiveren Preisen und großzügiger ausgeschenkten Getränken ausfindig zu machen. Die kitschige Inneneinrichtung gefällt einem spätestens nach dem zweiten Longdrink. Am Wochenende platzt die Mexibar oft aus allen Nähten, deshalb empfiehlt sich frühes Erscheinen.

76 [dk] **Ølbaren,** Elmegade 2, Tel. 35354534, www.oelbaren.dk, geöffnet: Mo.–Mi. 16–1, Do. 16–2, Fr., Sa. 14–2, So. 14–23 Uhr. Dänisches Øl hat nichts mit dem deutschen Öl gemein: Øl bedeutet Bier und davon gibts in der Ølbaren reichlich Auswahl. Dutzende von Biersorten aus aller Herren Länder stehen auf der üppigen Getränkekarte. Dem durstigen Gast bleibt da nur die Qual der Wahl.

77 [el] **Ørsted Ølbar,** Nørre Farimagsgade 13, Tel. 33936575, geöffnet: Mo. 16–24, Di., Mi. 15–24, Do. 15–1, Fr. 15–2, Sa. 13–1, So. 14–23 Uhr. Eine rustikale und angenehm unprätentiöse Bierkneipe findet man direkt neben dem Ørstedspark. Auf der Getränkekarte werden über 200 internationale und nationale Biere angeboten, davon alleine 20 Sorten frisch vom Fass. Ein Kickertisch und regelmäßige Fußball-Liveübertragungen runden diese Männeroase ab.

78 [cn] **Riesen Bar,** Oehlenschlægersgade 36, Tel. 33230734, geöffnet: Mi.–Sa. 20–3.30 Uhr. Die Riesen Bar ist trotz ihres Namens eher bescheiden und übersichtlich. Obwohl diese Getränkequelle ebenerdig liegt, hat sie – ohne despektierlich klingen zu wollen – den rauen Charme einer Kellerbar. Die Gäste setzen sich aus Stammkunden der Nachbarschaft, aber auch aus studentischer Klientel zusammen. Alle eint jedoch: Modischer Schnickschnack wird abgelehnt und die Musik der 1980er-/1990er-Jahre war doch einfach die beste!

79 [B5] **Ruby Bar,** Nybrogade 10, Tel. 33931203, https://rby.dk, geöffnet: Mo.–Sa. 16–2, So. 17–1 Uhr. Für seine exzellenten Cocktails wurde die Ruby Bar sogar schon von der New York Times geadelt – und das absolut zu Recht. Erstklassige Barkeeper mixen feinste Bestandteile zu tollen Kreationen und die Inneneinrichtung des Bauwerks aus dem 18. Jahrhundert veredelt das Gesamterlebnis. Preislich spielt die Bar ebenfalls in der oberen Liga.

80 [dk] **The Barking Dog,** Sankt Hans Gade 19, Tel. 35361600, http://thebarkingdog.dk, geöffnet: Di.–Do. 16–1, Fr., Sa. 16–2 Uhr. Ob gezapftes Pils oder die große Auswahl an Cocktails – in der Karte findet wirklich jeder ein passendes

097kn Abb.: ©radiokafka, stock.adobe.com

Lokale Craftbiere, hier von Mikkeler (s. S. 51), sind ausgesprochen populär

MEIN TIPP

Kødbyen [dn]: vom Schlachthof zum angesagten Ausgehviertel

Wenn New York seinen Meatpacking District hat, dann soll Kopenhagen da nicht hintenanstehen. So oder ähnlich mögen die Ratsherren gedacht haben, als sie vor wenigen Jahren die **Wiederbelebung** des heruntergekommenen **Schlachthofviertels Kødbyen** beschlossen. Seitdem haben sich **Künstler** und **Gastronome** hier angesiedelt und die bunte Mischung in dem rauen Viertel hat einen ganz besonderen Charme entwickelt. Bei den jungen bis mittelalten Kopenhagenern eines der angesagtesten Viertel, in dem es bis tief in die Nacht hoch hergeht.

Man erreicht das Schlachthofviertel ganz einfach vom Halmtorvet [dm] aus: Über die Straßen Slagterboderne oder Høkerboderne stößt man ins Herz des Viertels vor, das sich rund um den Flæsketorvet [dn] befindet.

Getränk. Freundliche Thekenkräfte und eine urige Atmosphäre runden den Barbesuch ab.

81 [em] **The Library Bar,** Bernstorffsgade 4 (im Hotel Copenhagen Plaza), Tel. 28305861, https://ligula.se/da/the-library-bar, geöffnet: Di.–Do. 17–24, Fr., Sa. 17–1 Uhr. Wer noch nie ein typisch englisches Herrenhaus des 19. Jahrhunderts von innen gesehen hat, der kann dies ganz in der Nähe des Kopenhagener Hauptbahnhofs nachholen. Tiefe Ledersessel, dunkle Bücherregale, schwere Ölgemälde und eine „historische Atmosphäre“ machen die „Bibliothek-Bar“ zu einem ganz besonderen Ort. Musikalisch dominieren jazzige Klänge die Abende.

82 [dn] **v.Lo Weinbar,** Istedgade 61, Tel. 33311970, https://vlowine.dk, geöffnet: Di.–Do. 17–24, Fr., Sa. 16–2 Uhr. Die minimalistisch gestaltete Weinbar in Vesterbro hat eine unglaublich breit gefächerte Weinkarte, deren Preisspektrum von 10 € (pro Glas) bis zu 1000 € (pro Flasche) reicht. Inbegriffen ist dafür eine exklusive Beratung. Dazu werden kleine Speisen und Snacks gereicht, die im Sommer auch unter freiem Himmel genossen werden können.

Clubs und Discos

83 [dn] **Baggen (i Kødbyen),** Flæsketorvet 19–21, www.baggenkbh.dk, geöffnet: Do. 22–5, Sa., So. 23–5 Uhr. Das alte Schlachthofareal in Vesterbro ist aktuell eine der angesagtesten Gegenden des hauptstädtischen Nachtlebens. Am Wochenende legen wechselnde DJs auf und vor dem Club bilden sich lange Schlangen. Im Sommer gibt es auch ein belebtes Freiluftareal im Hinterhof, in dem bis in den frühen Morgen gefeiert wird – die Nachbarschaft ist unbewohnt und niemand fühlt sich in seiner Nachtruhe gestört.

84 [D3] **Culture Box,** Kronprinsessegade 54, Tel. 33325050, https://culture-box.com, geöffnet: Fr., Sa. ab 21 bzw. 23 Uhr. Ob Techno, House oder Dubstep – in der Culture Box ist jegliche Musik beheimatet, solange sie elektronisch ist! In der angeschlossenen Cocktail Box (ab 21 Uhr) kann man sich auf die anstehende Nacht vorbereiten.

85 [dj] **Rust,** Guldbergsgade 8, Tel. 35245200, https://rust.dk, geöffnet: Do. 19–1, Fr., Sa. 19–4 Uhr. Klassische Nachtlebenlokalität, die erstmals ihre Türen öffnete, als Clubs noch Disco hießen (1989). Vier Bars verteilen sich auf drei Etagen und das Musikspektrum reicht von Indierock bis Hip-Hop. Eher jüngeres Publikum ohne besonderen Szeneschwerpunkt. Außerdem dient das Rust als bekannte Musikbühne mit mehreren Konzerten wöchentlich.

Das Schauspielhaus 15 steht direkt am Hafen

86 [cn] **Vega,** Enghavevej 40, Tel. 33257011, www.vega.dk. Das Vega ist *die* Konzertlocation der Stadt. Jährlich finden hier über 250 Konzerte statt, die sich auf die beiden Säle Store Vega (Kapazität 1500 Plätze) und Lille Vega (500 Plätze) verteilen. Skandinavische Stars und internationale Größen wie der legendäre David Bowie, Kylie Minogue oder Moby haben das Vega schon zum Brodeln gebracht. Freunde von Livemusikdarbietungen sollten beim Kopenhagenbesuch definitiv einen Blick auf den Veranstaltungskalender des Vega werfen. In der Vega Lounge und in der Ideal Bar, beide im gleichen Komplex gelegen, fordern DJ-Größen zum Tanz auf.

87 [C4] **Zoo Bar,** Sværtegade 6, Tel. 28680860, www.zoocopenhagen.dk, geöffnet: Fr.–Sa. 20–5 Uhr. Der Club in einem ehemaligen Restaurant trumpft mit thematischen Abenden – von „Back to the 90s" bis zum „Afrikanischen Abend" – auf. Eines ist jedoch allen Abenden gemein: die Cocktails sind erstklassig und stark. Stilvolles Ambiente und schicke Menschen dominieren die Lokalität.

Theater und Konzerte

88 [C4] **Jazzhus Montmartre,** Store Regnegade 19a, www.jazzhusmontmartre.dk, Tel. 27903063, geöffnet: je nach Konzert, im Anschluss bittet der Club Monten zum modernen Tanztee (ab 30 Jahre). Seit 2010 logiert das Jazzhus wieder in der gleichen Lokalität wie zur Zeit seiner Gründung im Jahr 1959. Fünf Abende wöchentlich öffnet *die* Jazzinstitution der Stadt seine Pforten und nationale wie internationale Jazzgrößen spielen dann auf. Ein integriertes Restaurant rundet den Besuch ab bzw. verkürzt die Wartezeit vor dem Konzert.

13 [D4] **Königliches Theater (Det Kongelige Teater).** Die „Mutter" aller hauptstädtischen Schauspiel- und Musikbühnen am Kongens Nytorv.

89 **Konzerthaus (DR Koncerthuset),** Ørestads Boulevard 13, Metro: DR Byen, https://drkoncerthuset.dk, Tel. 35206262, Kartenverkauf im Kundenzentrum des Konzerthauses werktags 11–16 Uhr oder online, in den Filialen der Elektronikkette Fona oder auf www.billetlugen.dk. Das moderne Konzerthaus des dänischen Rundfunks ist die erste Adresse für klassische Musik. Im größten von vier Sälen des vom französischen Architekten Jean Nouvel entworfenen Gebäudes finden 1800 Zuhörer Platz.

26 [F4] **Oper (Operaen).** Per Wasserbus oder über die Brücke Inderhavsbroen (s. S. 32) erreicht man das imposante Operngebäude auf der östlichen Hafenseite am einfachsten. Moderne Architektur und klassische Stücke gehen hier eine würdevolle Symbiose ein.

90 [A5] **Pumpehuset,** Studiestræde 52, www.pumpehuset.dk, geöffnet: nur bei Konzerten. Viele Jahrzehnte beförderten hier drei dampfgetriebe Pumpen das Wasser in die Kopenhagener Haushalte. Seit 1987 pumpen hier nur noch die Bässe der diversen Rock-, Pop- und Hip-Hop-Bands.

› **Rust** (s. S. 80). Konzertarena und Club, Live-Events und Musik aus der Konserve.

15 [E4] **Schauspielhaus (Skuespilhuset).** Auf den drei Bühnen werden klassische und moderne Stücke gezeigt. Der Besuch des Theaters lohnt sich sogar ohne Eintrittskarte: Ein Kaffee im Restaurant Ofelia mit Hafenpanorama ist unschlagbar.

91 [A6] **Tivolis Konzertsaal,** Vesterbrogade 3, Tel. 33151001, www.tivoli.dk, Karten im Tivolis Box Office (links vom Haupteingang, So.–Do. 10–20, Fr., Sa. 10–22.30 Uhr, außerhalb der Saison werktags 10–18 Uhr) oder unter www.billetlugen.dk erhältlich. Mit knapp 1900 Sitzplätzen ist der Konzertsaal im Tivoli einer der größten der Stadt. Das Programm ist so bunt wie der Vergnügungspark und reicht von Rock und Pop über Musical und Klassik bis hin zu Ballett.

› **Vega** (s. S. 81). Das „Who is who" der nationalen und internationalen Musikszene spielt(e) hier auf.

Kopenhagen zum Stöbern und Shoppen

Die dänische Hauptstadt ist nicht nur das kulturelle, sondern auch das kommerzielle Zentrum des Landes. Im Innenstadtbereich rund um die Fußgängerzone Strøget 4 wird dies mehr als deutlich: Boutique reiht sich an Boutique, Designerläden sprießen wie Pilze aus dem Boden und die Geschäfte der nationalen und internationalen Modeketten sind an fast jeder Ecke zu finden. Unterbrochen wird dieses Einkaufsparadies von locker eingestreuten Cafés, Restaurants und Kneipen, die dem mit Tüten beladenen Kunden wohlverdiente Pausen ermöglichen.

Es lohnt sich, die Haupteinkaufsmeile Strøget auch mal zu verlassen und in den angrenzenden Gassen und Straßen auf die Suche nach ausgefallenen Geschäften und Gastronomieangeboten zu gehen. Das Viertel zwischen der **Studiestræde** [A5] und der **Vestergade** [A5] bietet diesbezüglich einige Überraschungen. Oftmals liegen die zu entdeckenden Perlen übrigens nicht auf Augenhöhe, da die **Geschäftsräume im Souterrain** hier sehr angesagt sind. Also sollte man den Blick auch mal nach unten schweifen lassen.

Die **Kompagnistræde** [B5] und die **Læderstræde** [C5] verlaufen parallel zur Strøget und werden von den Kopenhagenern **Strædet** genannt. Die beiden Straßen gehen ineinan-

Shoppingareale

Die wichtigsten Shoppingbereiche der Stadt sind im Kartenmaterial mit einer rötlichen Fläche markiert.

der über und sind auch weitgehend verkehrsberuhigt. Hier geht es etwas ruhiger zu und **kleine Geschäfte und Boutiquen** dominieren das Bild. Die Besitzer der Verkaufsstätten bestimmen hier selbst über die Ausrichtung ihrer Läden und setzen sich damit deutlich von den großen internationalen Ketten ab. Das Spektrum reicht von Mode, Schmuck und Einrichtungsgegenständen bis hin zu kleinen urigen Cafés, die im Sommer auch draußen bedienen. Dieses gemütliche Shoppingareal jenseits des Mainstreams sollte man nicht verpassen.

Die Topadresse für **Antiquitäten** ist eine auf den ersten Blick unscheinbare Straße im Stadtteil Nørrebro. Ganz in der Nähe der drei Seen 34 im Nordwesten der Stadt verläuft die **Ravnsborggade** [dk]. Wie die Perlen einer Kette liegen über 30 Antiquitätenläden aufgereiht an dieser Straße und an der sie kreuzenden Sankt Hansgade. Historische Möbel, Retrostücke, Schmuck von anno dazumal, ausladende Kronleuchter, Malereien vom röhrenden Hirsch bis hin zu abstrakter Kunst, historische Spielzeuge, kostbares Porzellan, aber auch Kitsch und Krempel, Secondhandkleidung oder schräge Dekostücke für die heimische Wohnung findet man. Was man hier nicht findet, gibt es vermutlich nicht! Das Preisniveau ist aber definitiv nicht auf Flohmarktniveau, deshalb sollte man sich seiner Sache schon relativ sicher sein oder mit etwas Glück ein echtes Schnäppchen ausfindig machen. Apropos **Flohmarkt:** An vier Sonntagen im Jahr wird die ganze Straße zu einer großen Verkaufsfläche und die Händler versuchen, in ihren vollen Lagern ein wenig Platz zu schaffen. Die Flohmärkte finden meist im März, Juni, September und November statt. Nähere Infos zu den Terminen und den Geschäften im Viertel findet man unter www.ravnsborggade.info (*loppemarked* = Flohmarkt).

Seit einigen Jahren haben sich in der Ravnsborggade auch Nicht-Antiquitätenhändler angesiedelt. Be-

⌃ Auch auf den Kopenhagener Flohmärkten (s. S. 87) gilt: Feilschen ist Pflicht!

Meine Tipps

Beat Café

Unter der Überschrift „Toast, Tapas, Bier und Vinyl“ firmiert das **urige Café am Enghave Plads.** Der **Plattenladen,** der immer noch aktiv ist, wurde um eine Speise- und Trinkstätte erweitert. Kleine Gerichte, liebevoll und köstlich zubereitet, werden aufgetischt, während im Hintergrund angenehme Musik vom Plattenteller schallt. Tolles Konzept, vereint mit einer einladenden Atmosphäre – empfehlenswert!

92 [cn] **Beat Café,** Enghave Plads 13, www.facebook.com/beatcafekbh, Tel. 51794437, geöffnet: Mo.–Do. 10–23, Fr., Sa. 10–24, So. 10–22 Uhr

Werden die Einkaufstüten schwer?

Oder schmerzen die Füße? Dann bietet sich das Café Gavlen an der Ecke Ryes/Sankt Hansgade als idealer Snack- oder Kaffeestopp an. Vor allem die im Sommer eingerichteten Sitzplätze im Freien laden zum Ausruhen ein.

93 [dk] **Café Gavlen,** Ryesgade 1, Tel. 35370237, geöffnet: Mo.–Do. 8–24, Fr., Sa. 8–2, So. 8–23 Uhr

sonders in den Bereichen Mode und Kunst hat sich einiges bewegt. Kleine, noch unbekannte **Modedesigner** wagen hier ihre ersten Schritte und öffnen bescheidene Boutiquen, oftmals mit Entwürfen für das schönere Geschlecht als Schwerpunkt. Erste experimentelle Galerien flankieren die moderate Veränderung der Angebotsstruktur rund um die lebendige Straße.

Ebenfalls in Nørrebro befindet sich die **Jægersborggade** [cj]. Von der Nordwestseite des Assistens Kirkegård 36 erstreckt sie sich bis zum Nørrebro-Park. Beim Durchschlendern der Kopfsteinpflasterstraße fühlt man sich ein wenig an den Prenzlauer Berg Ende der 1990er-Jahre erinnert. Rechts und links erheben sich fünf- bis sechsstöckige Wohnhäuser mit liebevoll restaurierten Fassaden, vor denen kaum noch ein freier Fahrradparkplatz zu ergattern ist. Die teilweise **winzigen Ladenlokale** sind alle vermietet und der Kreativität der Besitzer sind kaum Grenzen gesetzt. Urige Cafés, gemütliche Kneipen, Galerien junger Künstler, Modeboutiquen mit textilen Angeboten jenseits des Mainstreams, kleine Werkstätten und Manufakturen, ungewöhnliche Einrichtungsgegenstände und Möbel – auch ohne konkreten Kaufwunsch kann man sich hier richtig wohl fühlen. Und sollte die Frisur nicht richtig sitzen: Der ökologische Friseur schafft sicherlich Abhilfe. Weitere Informationen zu Geschäften und Aktivitäten findet man unter www.instagram.com/jaegersborggade.

Wer sich für das großstädtische Einkaufen jenseits der großen internationalen Ketten interessiert, sollte einen Blick in das Viertel Vesterbro (s. S. 54) werfen. Am **westlichen Ende der Istedgade** 29 und rund um den offenen **Enghave Plads** [cn] findet man eine bunte Mischung aus alteingesessenen Läden und neuen, trendigen Verkaufsstätten. Junge Skater wie auch modebewusste Damen, Anhänger von Kitsch, aber auch Freunde der Retromode werden hier sicherlich fündig. Diverse Einkehrmöglichkeiten wie z. B. das Bang & Jensen (s. S. 78) runden den Einkaufsbummel ab.

Ein Garant für zeitloses dänisches Design: Georg Jensen (s. S. 87)

Kaufhäuser

In der Indre By (dem Stadtzentrum) sind die beiden größten und angesehensten Kaufhäuser des Landes beheimatet. Direkt am Amagertorv befindet sich das **Kaufhaus Illum.** Im Gegensatz zu dem in Deutschland seit den 1990er-Jahren zu beobachtenden Niedergang der Großkaufhäuser erfreuen sich die Häuser hier großer Beliebtheit. Es wird keine Billig- oder Ramschware auf Wühltischen angeboten, edelste Modemarken, internationale Parfümgrößen oder hochwertige Schmuckmanufakturen bieten in übersichtlichen Abteilungen ihre Produkte feil. Selbiges lässt sich auch für den historischen Platzhirsch **Magasin du Nord** sagen, der seit 1870 auf dem Markt präsent ist. Schwerpunkt des Magasin sind ebenfalls Waren und Produkte, die der menschlichen Schönheit dienen sollen: von Mode über Schmuck bis zu einer breit aufgestellten Kosmetikabteilung.

94 [C5] **Illum,** Østergade 52, Tel. 33144002, www.illum.dk, geöffnet: tägl. 10–20 Uhr (teilweise auch erweiterte Öffnungszeiten)

95 [D5] **Magasin du Nord,** Kongens Nytorv 13, Tel. 33114433, www.magasin.dk, geöffnet: tägl. 10–20 Uhr (an einigen Sonntagen jedoch geschlossen, bitte auf Website informieren)

Mode

Die Dänen sind modebewusst. Das spiegelt sich auch im Angebotsspektrum der dänischen Hauptstadt wider, unzählige Boutiquen verteilen sich auf das Stadtareal und eigentlich kann man an fast jeder Ecke fündig werden. Die folgenden Empfehlungen sind nur ein winziger Ausschnitt aus dem unglaublich breiten Angebot:

96 [dk] **Frederiksen,** Ravnsborggade 15, Tel. 26272635, geöffnet: Di.–Fr. 11–18, Sa. 11–15 Uhr. Weibliche Mode in ihrer reinsten Form wird bei Frederiksen feilgeboten. Statt Jeans stehen hier bunte Kleider und feine Strickwaren im Fokus der Käuferinnen.

97 [C4] **Malene Birger,** Antonigade 10, Tel. 53367042, www.bymalenebirger.com, geöffnet: Mo.–Fr. 10–18, Sa. 11–17 Uhr. Edelste Stoffe und klassische Linien kennzeichen die angesehenen Entwürfe Malene Birgers.

083kn Abb.: ©Tupungato, stock.adobe.com

MEIN TIPP

Torvehallerne – historisches Konzept in neuem Gewand

Ein ausgesprochen ausdauernder und von seinem Konzept überzeugter Architekt steht hinter den beiden **gläsernen Markthallen** am Israels Plads. Erstmals präsentierte **Hans Peter Hagen** 1997 seine Idee einer Wiederauferstehung der „guten, alten Markthalle". Zunächst standen Anwohner und Stadtverwaltung der Idee kritisch bis ablehnend gegenüber, doch als sich die Bewohner des Viertels später in einer Unterschriftenaktion für das Projekt aussprachen, kippte auch die Stimmung im Rathaus. Finanzierungsprobleme und eine Tankstelle, die im Weg stand, waren weitere Hürden, die bewältigt werden mussten. 2011 wurden die zwei Hallen schließlich feierlich eröffnet und Hans Peter Hagens Vision war nach 14 Jahren Realität geworden.

Auf einer **überdachten Fläche von 2500 m²** tummeln sich nun Dutzende von Obsthändlern, Schlachtern, Fischverkäufern, Bäckereien, Käsehändlern, Weinexperten und Minirestaurants. Es ist ein vom Angebot unglaublich breit gefächertes „Schlaraffenland, das von Bornholm bis China und von Jütland bis Indien reicht", wie es die überregionale dänische Tageszeitung Politiken zur Eröffnungsfeier auf den Punkt brachte.

Kaffeeliebhaber sollten in Halle 2 der Torvehallerne eine der besten Kaffeebuden der Stadt nicht verpassen. The Coffee Collective bezieht die Bohnen im direkten Handel von Herstellern in Kenia, Brasilien und Zentralamerika und übt damit direkten Einfluss auf Qualität und Umweltschutz aus. Die soziale Verantwortung gegenüber den Kaffeebauern ist dem Kollektiv ein besonderes Anliegen. Und wenn dann das Endprodukt auch noch so hervorragend schmeckt, muss man dort einfach einen Stopp einlegen.

98 [A3] **Torvehallerne**, Frederiksborggade 21, Metro und S-Bahn: Nørreport, Tel. 70106070, www.torvehallernekbh.dk, geöffnet: Mo.–Fr. 10–19 (Mo. öffnen nicht alle Geschäfte!), Sa., So. 10–18 Uhr

› **The Coffee Collective Torvehallerne**, Halle 2, www.coffeecollective.dk, Tel. 60151525, geöffnet: Mo.–Fr. 7–19, Sa., So. 8–19 Uhr

073kn Abb.: ©Asiantraveler, Dreamstime.com

99 [D3] **Mélange de Luxe,** Dronningens Tværgade 28, https://melangedeluxe.dk, Tel. 53501360, geöffnet: Mo.-Fr. 11-18, Sa. 11-16 Uhr. Neuware und Secondhandstücke von Edelmarken werden in den Räumlichkeiten des gelernten Schneiders Christoph Baran angeboten. Toll zum Stöbern.

100 [A5] **Samsøe & Samsøe,** Studiestræde 13, Tel. 51301533, www.samsoe.com, geöffnet: Mo.-Fr. 11-18, Sa., So. 10-17 Uhr. Bei Samsøe & Samsøe findet man sportliche und legere Mode, und das für Frauen und Männer gleichermaßen. Diese Outlet-Filiale ist ausgesprochen preiswert.

101 **Vila,** Kalvebod Brygge 59 (im Shoppingcenter Fisketorvet), Tel. 26773140, www.vila.com, geöffnet: tägl. 10-20 Uhr. Die dänische Modemarke Vila, die ausschließlich auf Damenmode fokussiert ist, verfügt über drei Verkaufsstellen im Stadtgebiet, eine davon am Fisketorvet.

Dänisches Design

Rund um den Amagertorv sind hochpreisige Verkaufsstätten angesiedelt, die das Leben schöner und die Wohnung schicker machen sollen:

102 [C5] **Georg Jensen,** Amagertorv 4, Tel. 33114080, www.georgjensen.com, geöffnet: Mo.-Fr. 10-18, Sa. 10-17, So. 11-15.30 Uhr. Anfang des 20. Jahrhunderts eröffnete der dänische Silberschmied Georg Jensen sein erstes kleines Lädchen in Kopenhagen. Heute ist daraus ein globales Unternehmen geworden, das hochwertige Uhren, edles Besteck, feinen Schmuck und sogar eine Christbaumschmuckkollektion herausgibt.

103 [C5] **Illums Bolighus,** Amagertorv 10, Tel. 33141941, www.illumsbolighus.dk, geöffnet: Mo.-Sa. 10-19, So. 11-18 Uhr. Das Paradies für Innenarchitekten und Interieurfans, die ihre eigenen vier Wände mit feinsten Designerstücken füllen möchten. Man sollte aber ein dickes Portemonnaie dabei haben, denn die Ästhetik hat ihren Preis und ein schicker Lederstuhl kann auch mal mit einem 14.000-€-Preisschild versehen sein.

104 [C5] **Royal Copenhagen,** Amagertorv 6, www.royalcopenhagen.com, Tel. 33137181, geöffnet: Mo.-Fr. 10-19 Uhr, Sa. 10-18 Uhr, So. 11-16 Uhr. Seit 1775 existiert die Königliche Porzellanmanufaktur in Kopenhagen. Für Porzellansammler und Freunde der hochwertigen Speiseutensilien ist dies die erste Adresse im Land. Ob man die einmalige Serie Flora Danica oder die jährlich aufgelegten Sammelteller der Porzellanschmiede vergöttert – mit dem passenden Budget können hier alle Kundenträume realisiert werden.

Flohmärkte

105 [bI] **Frederiksberg Loppemarked,** Parkplatz am Rathaus, Tel. 38214220, www.frederiksberg.dk/loppetorv, geöffnet: April-Okt. Sa. 9-15 Uhr. Die Gemeinde Frederiksberg veranstaltet samstags einen klassischen Trödelmarkt, auf dem auch ganz normale Bürger die Kostbarkeiten ihrer Speicher und Keller zum Verkauf anbieten. Nach Besucherzahlen gibt es keinen beliebteren Flohmarkt in Kopenhagen. Ort des Geschehens ist der Parkplatz direkt am Rathaus.

› **Loppemarked på Bryggen,** am Kulturhuset Islands Brygge (s. S. 44), https://kulturhusetislandsbrygge.kk.dk (für die

‹ Im Sommer werden auch vor den Torvehallerne frische Köstlichkeiten feilgeboten

098kn Abb.: ld

genauen Termine nach „loppemarked" suchen). Von Mitte April bis Anfang Oktober finden hier direkt am Hafenpier insgesamt acht Flohmärkte statt, und zwar immer So. 10–16 Uhr. Profis, aber auch einfache Bürger verkaufen dann alles von antiquarischen Kostbarkeiten bis zu Nippes und Krempel.

› **Thorvaldsens Plads Loppemarked,** Tel. 22484177, www.antikmarked.com, geöffnet: Mai–Okt. Fr. 8–17, Sa., So. 9–16 Uhr (Achtung: Sa., So. findet der Markt auf der anderen Kanalseite am Gammel Strand statt). Schön am Wasser und direkt neben dem Thorvaldsens Museum 9 befindet sich dieser wohlsortierte Antikmarkt, der wegen der neuen Metrostation seinen alten Standort gegenüber dem Schloss Christiansborg 10 aufgeben musste. Die Verkäufer hier sind allerdings Profis und die Chancen auf einen unerkannten Schatz sind eher gering.

Kopenhagen zum Durchatmen

Gerade in lebendigen und brodelnden Metropolen sucht man gern einmal für einige Stunden Orte auf, die Ruhe und Entspannung versprechen. Auch in Kopenhagen gibt es solche Oasen.

Nördlich der Innenstadt findet man den **Fælledparken**, der auf 58 Hektar Fläche einfach alles bietet, was ein modernes Grünareal haben sollte und ein gestresster Großstädter benö-

⌃ *Gastronomie im Grünen, hier im Stadtteil Nørrebro (s. S. 54)*

tigt: ein riesige **Rasenfläche,** auf der diversen Sportarten nachgegangen wird oder man sich im Sommer faul auf seiner Decke räkeln kann. In der nordwestlichen Ecke des Parks liegt ein beschaulicher, von Menschenhand geschaffener **See,** der auf einem von hohen Bäumen und Strauchwerk flankierten Fußweg umwandert werden kann. Man muss nicht einmal tief in den Park eindringen, um den Verkehrslärm hinter sich zu lassen und die frische Parkluft genießen zu können.

Um kommerziellen Interessen vorzubeugen, wurde die grüne Lunge Østerbros bereits in den 1960er-Jahren unter besonderen Schutz gestellt. Für Besucher, die gerne mit Skateboard reisen, ist der Fælledparken sicherlich die erste anzusteuernde Adresse der Stadt. Hier befindet sich **einer der größten Skateparks Nordeuropas** (4600 m^2). Auch ohne eigenes Rollbrett lohnt es sich, den artistischen Sportlern bei ihrem Tun zuzuschauen.

•**106** [ei] **Fælledparken,** Øster Allé 25, Metro: Trianglen oder Vibenshus Ruddel

Ein hügeliges, dicht bewachsenes Areal und ein halbkreisförmiger See mitten im Stadtzentrum bilden den **Ørstedsparken.** Entstanden ist der romantische Park – wie einige andere Grünflächen der Stadt auch – im letzten Drittel des 19. Jahrhunderts, als die alten Befestigungsanlagen der Stadt ihre ursprüngliche Bedeutung verloren und einer zivilen Nutzung zugeführt wurden. Der 1,8 Hektar große See stellte zuvor noch einen Teil des Wassergrabens dar und die Parkhügel waren die Erdwälle, an denen feindliche Angriffe abprallen sollten.

Heute bevölkern besonders Familien mit Kindern die grüne Oase, da

MEINE TIPPS

Sommerlicher Tanztee

Im nördlichen Teil des **Fælledparken** befindet sich ein kreisförmiger Platz, der mit einem hölzernen Parkett ausgestattet ist: der **Dansepladsen,** der Tanzplatz. Egal ob man für Tango, Swing, Salsa oder exotische afrikanische Tanzstile schwärmt, im Hochsommer kann man hier die unterschiedlichsten Tänze unter fachkundiger Anleitung üben oder sein Können präsentieren.

S**108** **Dansepladsen,** in der Nähe der Metrostation Vibenshus Runddel, www.sommerdans.dk, Ende Juni – Ende Juli: Sommertanz Mo. – Do. 19 – 22, So. 15 – 17, Seniorentanz Di. 11 – 12, Kindertanz Do. 12 – 14 Uhr, gratis

Sommeroase am See

Eine beliebte Eiscreme-, Kaffee- oder Bieroase ist das Flindt & Ørsted Café am Ufer des Sees im Ørstedsparken. Wer einmal kurz mit tollem Blick auf die See- und Parklandschaft ausspannen will, ist hier in den Sommermonaten genau richtig.

○**109** [A4] **Flindt & Ørsted Café,** Nørre Farimagsgade 6, Tel. 40777999, www.flindtorsted.cafe, geöffnet: Febr. – Dez. Mo. – Fr. 10 – 20, Sa., So. 9 – 20 Uhr. Neben Getränken sind auch kleine Speisen und Salate im Angebot.

zwei **Spielplätze** den Nachwuchs bestens unterhalten und beschäftigen. Die älteren Besucher freuen sich über die **öffentlichen Grillplätze:** Im Sommer einfach Kaltgetränke, Grillgut und Brennkohle mitbringen und fertig ist die Grillparty! Bis tief in die Nacht sollte man allerdings nicht unbedingt bleiben.

•**107** [A4] **Ørstedsparken,** Nørre Farimagsgade, S-Bahn oder Metro: Nørreport

Im Sommer sind auch der **Königliche Garten** 18 und die Wiesen am Meeresschwimmbad von **Islands Brygge** 23 zentrumsnahe und beliebte Erholungsorte und der optimal mit der Metro angebundene **Amager Strand** 28 ist zu jeder Jahreszeit der perfekte Ort, um bei frischem Ostseewind die Seele baumeln zu lassen.

Typisch Kopenhagen: Wohnen direkt am Wasser

072kn Abb.: ld

Zur richtigen Zeit am richtigen Ort

Der Veranstaltungskalender Kopenhagens ist jedes Jahr aufs Neue prall gefüllt. Die folgenden alljährlichen Veranstaltungen ragen aus dem breiten Angebot heraus und sind definitiv einen Besuch wert.

Frühling

- Cineasten und am Weltgeschehen Interessierte sollten sich den März im Kalender anstreichen: An zehn Tagen werden dann beim **Filmfestival CPH:DOX** Dokumentarfilme von Newcomern und bekannten Filmemachern in den Lichtspielhäusern der Stadt gezeigt. Alle Informationen zu Regisseuren, Filmen und Spielstätten finden sich auf der Website www.cphdox.dk.
- Eine Startgebühr von 800 kr (etwa 107 €), mehr als 10.000 Teilnehmer und 42.195 m sind die Eckwerte des **Copenhagen Marathon,** der alljährlich Anfang/Mitte Mai Mai stattfindet. Da Teile der Route mehrfach gelaufen werden, können die Zuschauer den Läufern wiederholt zujubeln, ohne ihren Standort wechseln zu müssen. Anmeldungen oder weiterführende Informationen unter www.copenhagenmarathon.dk.
- Am 26. Mai pilgern die Dänen auf den Schlossplatz von Amalienborg 16. König **Frederik X.** zelebriert dann nämlich seinen **Geburtstag** (26. 5. 1968) und zeigt sich seinen Untertanen royal winkend vom Balkon aus.

Sommer

- Im Norden passt man sich den klimatischen Bedingungen an, deshalb feiern die Kopenhagener ihren **Karneval** auch erst später im Jahr. Anfang Juni

eines jeden Jahres findet dann der große Umzug statt. Dabei wird am Samstag des ausgewählten Wochenendes die Fußgängerzone Strøget zwischen dem Gammeltorv/Nytorv und dem Kongens Nytorv zur größten Bühne der Stadt. Die insgesamt dreitägige Festivität hat ihr Zentrum im Fælledparken (s. S. 88) im Stadtteil Østerbro. Wegen chronischer Finanzierungsprobleme – der Karneval ist alljährlich auf private Spenden angewiesen – ändern sich Schauplätze und Inhalte manchmal kurzfristig. Am besten unter www.karneval.dk informieren.

- Rund um den ersten Samstag im Juni findet in fünf Kopenhagener Stadtteilen ein fünftägiges Dance-, Elektro- und Undergroundfestival statt. Tagsüber ist das Geschehen auf den Bühnen in den Straßen der Stadt zu finden und abends wandern die Aktivitäten des **Copenhagen Distortion** dann in die Clubs und anderen Nightlife-Lokalitäten weiter. Bis zu 100.000 Feierfreudige nehmen pro Tag an der gigantischen Straßenparty teil. Weitere Informationen unter www.cph-distortion.dk.
- Am 23. Juni feiern die Dänen ihre Johannisnacht, die hier aber **Sankt Hans** genannt wird. Meist in der Nähe einer Wasserfläche wird dann ein großes Feuer entzündet und das Ereignis mit einer Rede, Musik und Getränken abgerundet. In der Stadt selbst findet das lodernde Ereignis am Peblinge Sø (dem mittleren der drei Seen 34) auf einer schwimmenden Plattform, im Nyhavn 14, direkt nördlich des Schauspielhauses 15 am Ofelia Plads und im Hafenbecken vor dem Kulturhuset Islands Brygge (s. S. 44) statt. Zumeist wird das Feuer gegen 22 Uhr feierlich entzündet.
- Der Monatswechsel Juni/Juli steht ganz im Zeichen der Jazzmusik. Seit dem Jahr 1979 beginnt das zehntägige **Jazzfestival** immer am letzten Freitag im Juni oder am ersten Freitag im Juli und endet am übernächsten Sonntag. Internationale Jazzgrößen spielen auf insgesamt über 100 Bühnen innerhalb der Stadt mehr als 1000 Konzerte – es ist eines der größten Ereignisse des Jahres mit vielen ausländischen Besuchern. Auf der Website www.jazz.dk erhält man weitere Informationen zu Interpreten und Spielstätten.

In den Sommermonaten locken viele Freiluftveranstaltungen

Dänische Feiertage

- **Neujahr**
- **Gründonnerstag**
- **Karfreitag**
- **Ostermontag**
- **Buß- und Bettag**
- **Christi Himmelfahrt**
- **Pfingstmontag**
- **Verfassungstag** (5. Juni, alle Banken und viele Geschäfte haben geschlossen)
- **Heiligabend** (viele Geschäfte haben bereits Weihnachtspause)
- **Erster und zweiter Weihnachtsfeiertag**
- **Silvester** (viele Geschäfte öffnen nicht)

- Der Rathausplatz ist das unbestrittene Herz des **Copenhagen Pride**, einer fünftägigen Veranstaltung der Schwulen, Lesben, Bi- und Transsexuellen Dänemarks, die alljährlich Mitte August zelebriert wird. Die Festivität ist so farbenfroh und ausgesprochen lebendig, dass man leicht den gesellschaftspolitischen Hintergrund vergisst. Den Höhepunkt stellt die Parade am Veranstaltungssamstag dar, wenn Tausende Teilnehmer tanzend vom Frederiksberger zum Kopenhagener Rathaus ziehen. Seit 2023 gibt es zusätzlich einen **Winter Pride**, der Mitte Februar gefeiert wird. Details auf der Website www.copenhagenpride.dk.
- Ein **Hafenfestival** der besonderen Art ist die dreitägige Veranstaltung **Kulturhavn**, die jährlich Ende August rund um den Kopenhagener Hafen organisiert wird. In drei Arealen des Hafens, mit dem Aktivitätszentrum auf Islands Brygge 23, finden sportlich-kulturelle Vorführungen und Shows statt. Ob lateinamerikanische Tänze, Kajakpolo oder ostasiatische Kampfkunst – das Programm ist breit gefächert und global ausgerichtet. Über die Veranstaltungsbühnen und das aktuelle Programm klärt die Website http://kulturhavn.kk.dk auf.

Herbst

- Ende September wird Kopenhagen für fünf Tage zur Blueshauptstadt Europas. Beim **Blues Festival Copenhagen** gibt es mehr als 50 Gigs, bei denen auf verschiedenen Bühnen im Stadtgebiet feinste Bluesmusik zum Besten gegeben wird. Einzelheiten unter www.copenhagenbluesfestival.dk.
- An einem Freitag Mitte Oktober öffnen mehr als 250 Institutionen wie Museen, Theater, Bibliotheken, Kirchen, Ministerien usw. ihre Türen für die Allgemeinheit: die **Kulturnacht** steht auf dem Programm. Neugierige Besucher können dann aus über 500 Veranstaltungen das Passende für sich auswählen. Der Kultur-Pass, der freien Eintritt und die kostenlose Benutzung der öffentlichen Verkehrsmittel umfasst, kostet 125 kr (Kinder unter 12 Jahren gratis) und ist bei allen teilnehmenden Institutionen und in den 7-Eleven-Kiosken der Stadt erhältlich. Onlinetickets und weitere Infos unter www.kulturnatten.dk.

Winter

- Einen Vorgeschmack auf das dänische Weihnachtsfest erhält man ab Mitte November beim **Jul i Tivoli** (Weihnachtsfest im Tivoli 1). Oft steht dabei ein besonderes Motto oder ein Land im Mittelpunkt. Dänische Weihnachtsspezialitäten und Bräuche werden auf jeden Fall präsentiert. Infos unter www.tivoli.dk.
- Nicht nur im Sommer, sondern auch im Winter wird in Dänemark gejazzt! Beim dreiwöchigen **Winterjazz**, der alljährlich im Februar stattfindet, wird auch in Kopenhagen kräftig aufgespielt. Infos unter www.jazz.dk.

KOPENHAGEN VERSTEHEN

099kn Abb.: ld

Kopenhagen – ein Porträt

Schaut man sich eine Landkarte Dänemarks an, stellt man fest, dass Kopenhagen am östlichen Rand des kleinen Königreichs platziert ist: auf der Insel Seeland gelegen und direkt an den Öresund, der Dänemark und Schweden trennt, angrenzend. Trotz der geografischen Randlage ist die Stadt aber das absolut unumstrittene Zentrum des Landes.

Trifft man im Ausland auf einen Dänen und fragt nach dessen Wohnort, so hat man eine über 20 %ige Chance, dass man mit der Mutmaßung Kopenhagen richtig liegt. Von 5,9 Millionen Dänen wohnen ca. 1,36 Millionen in der **Hauptstadt** und sogar 1,89 Millionen in der Hauptstadtregion. Betrachtet man ausschließlich die Verwaltungseinheit **Københavns Kommune**, die das **Stadtzentrum (Indre By)** und die direkt angrenzenden Quartiere Østerbro, Nørrebro, Vesterbro, Christianshavn und Amager einschließt, kommt man auf ca. 650.000 Einwohner, die sich auf 90 km² tummeln, und auf eine **Bevölkerungsdichte** von über 7200 Menschen pro Quadratkilometer.

Trotz dieser relativ hohen Bevölkerungsdichte wirkt der Innenstadtbereich selten dicht gedrängt oder überfüllt. Breit und **großzügig angelegte Straßenzüge**, eine Vielzahl an **Parks und Grünflächen** und die direkte **Küstenlage** mit riesigen **Wasser- bzw. Meeresflächen** bieten eine angenehme Auflockerung der Stadtstruktur. Die exponierte Lage am **Öresund** und die vielen innerstädtischen Wasserflächen sorgen automatisch für **Weite** und **Offenheit** und da die Kopenhagener in Heerscharen aufs Autofahren verzichten und aufs Fahrrad umgestiegen sind und es keine Schwerindustrie gibt, hat die Stadt eine ausgezeichnete **Luftqualität.**

Die südlichen Stadtviertel **Christianshavn** und **Amager** liegen auf eigenen Inseln, die man von der Indre By nur über Brücken, kleine Fähren oder die Tunnel der Metro erreichen kann. Lange Zeit galt in der dänischen Kapitale ein **soziogeografisches Gefälle.** Je weiter man in den Süden ging, desto ärmer waren die Bewohner. Somit wundert es wenig, dass eine Wohnadresse in den beiden genannten Vierteln in den 1970er-/1980er-Jahren als wenig attraktiv galt. **Große Investitionen,** die sowohl von kommunalen Trägern wie auch privaten Investoren getragen wurden, machten aus den zwei hässlichen Entlein einen schönen Schwan (Christianshavn) und einen sehr schicken Erpel (Amager). Trotz der trennenden Wasserwege liegen beide Quartiere sehr nah an der Innenstadt und die Wohnhäuser aus dem 19. und 20. Jahrhundert besaßen oftmals eine gute Substanz. Insbesondere in Christianshavn wurde viel Geld in die Hand genommen, heruntergekommene **Altbauten aufwendig saniert** und durch **modernste Wohnanlagen** mit viel Glas und ausladenden Balkonen ergänzt. Kein Wunder, dass aus dem vormaligen Problemkiez eine der teuersten Wohngegenden der Hauptstadt geworden ist.

◁ Vorseite: Radfahrer sind in der Hauptstadt allgegenwärtig, hier im bunten Viertel Nørrebro (s. S. 54)

▷ Müllverbrennungsanlage und begrünte Skipiste in einem: CopenHill (s. S. 45)

Kopenhagen in Zahlen

- **Gegründet:** 1167
- **Einwohner:** Großraum Kopenhagen 1,89 Mio./Innenstadt 650.000
- **Einwohner/km²:** 739/7200
- **Fläche:** 2559 km²/90 km²
- **Höhe ü. M.:** max. 50 m

Traditionell war **Østerbro** schon immer ein wohlhabendes, gutbürgerliches Viertel. Im Nordosten Kopenhagens gelegen, bietet es **historische Wohnhäuser, gediegene Stadtvillen,** die oft ausländische Botschaften beherbergen, und von Bäumen gesäumte, gut gepflegte Kopfsteinpflasterstraßen. Statt des bürgerlichen Klientels des frühen 20. Jh. wohnen hier heute gut betuchte Akademiker und Selbstständige. Die Kopenhagener aus den etwas raueren Vierteln bezeichnen Østerbro etwas spöttisch als „Café-Latte-Viertel". Bezüglich der **Cafédichte** haben sie auf jeden Fall recht: In den wärmeren Monaten sprießen Stühle und Tische regelrecht aus dem Boden.

Westlich von Østerbro und nördlich der drei Seen erstreckt sich **Nørrebro,** dessen Charakter sich nicht eindeutig klassifizieren lässt. Das ehemalige Arbeiterviertel, das noch heute das Schlusslicht in allen Einkommensstatistiken Kopenhagens bildet, hat einen **Ausländer- bzw. Migrantenanteil** von ca. 30 %. Gleichzeitig sind die 80.000 Bewohner Nørrebros die statistisch jüngsten der Hauptstadt. Eine schwer zu greifende Mischung aus Menschen mit Migrationshintergrund und einem rasant wachsenden Anteil von **Studenten, (Lebens-) Künstlern** und **gesellschaftlich weniger konformen Menschen** bilden den Kern der Bevölkerung. So findet man im südlichen Nørrebro rund um den Skt. Hans Torv angesagte Kneipen und spannende kulturelle Angebote, während im Norden Halal-Fastfood und von Migranten geführte Lebensmittelläden dominant sind.

100kn Abb.: ld

Seit der Jahrtausendwende blüht **Vesterbro** auf. Mehrheitlich bewohnten Arbeiter- und **Handwerkerfamilien** dieses Viertel. Leider gehörte diese Bevölkerungsschicht beim gesellschaftlichen Transformationsprozess der letzten Jahrzehnte zu den Verlierern. „Soziale Absteiger" sahen in den billigen Mieten ebenfalls eine Chance und siedelten sich zusammen mit schlecht ausgebildeten Migranten westlich der Innenstadt an. Drogen, Pornografie und Prostitution waren Schlagworte, die man mit Vesterbro in Verbindung brachte. Doch ein vermehrter Zuzug von **Studenten,** die sich von ihren Bafög-Sätzen ebenfalls keinen besseren Wohnraum leisten konnten, änderte die **soziologische Zusammensetzung.** Nach Abschluss ihres Studiums blieben viele Studenten in ihrem Kiez wohnen und mit den höheren Gehältern kam auch das Interesse an qualitativ höherwertigem Wohnraum. Typisch für diese Entwicklung steht die Istedgade 29, die in ihrem westlichen Teil aufgehübscht ist, während im östlichen Teil in der Nähe des Hauptbahnhofs noch immer einige rote Lichter leuchten.

Einen Sonderfall der Kopenhagener Innenstadtviertel stellt **Frederiksberg** dar. Mitten im urbanen Ballungsraum gelegen gehört der Stadtteil administrativ **nicht zu Kopenhagen.** Deshalb besitzt Frederiksberg auch ein eigenes Rathaus und der Wohlstand des 19. Jahrhunderts ist im Stadtbild noch deutlich verankert: Breite Alleen, eine höhere Villendichte und mehr Grünflächen kennzeichnen die „Stadt in der Stadt".

⊡ *Stadtgründer Absalon reitet noch heute durch Kopenhagen: Denkmal am Højbro Plads [C5]*

Von den Anfängen bis zur Gegenwart

Bereits seit dem 14. Jahrhundert ist Kopenhagen die bedeutendste Stadt des dänischen Königreichs. Von hier aus wurde fast das gesamte Skandinavien regiert, da die dänische Vormachtstellung innerhalb der Kalmarer Union (1397–1523) unbestreitbar war. In der Folgezeit begann die dänische Machtposition allerdings zu wanken und einhergehend mit großen territorialen Einbußen sank auch die über Dänemark hinausgehende Bedeutung der Stadt. Jedoch sind bis heute Geschichte und Geschicke von Hauptstadt und Land untrennbar miteinander verwoben.

Um 700: Eine Fischersiedlung entsteht in der Gegend des heutigen Stadtzentrums und der Fang von Heringen dient damals vermutlich als Lebensgrundlage.

1043: Erste schriftliche Erwähnung in der isländischen Knýtlinga Saga. Der dänische König Svend Estridsen lässt sich der Sage nach in einem Ort namens „Havn" (Hafen) nieder. In den folgenden Jahrzehnten ändert sich der Name partiell und wird zu „Købmændenes Havn" – dem Hafen der Kaufleute.

Erste Hälfte des 12. Jh.: Als Handels- und Verkehrsknotenpunkt gewinnt die kleine Siedlung an Bedeutung, da sie sich genau in der Mitte zwischen den katholischen Hochburgen Roskilde und Lund (im heutigen Schweden, auf der östlichen Seite des Öresunds) befindet.

1160–1167: Absalon, dem Bischof von Roskilde, wird die kleine Siedlung vom dänischen König Waldemar I. zugeteilt. Seine Aufgabe ist der Bau einer Befestigungsanlage am Öresund, um den Handel auf der wichtigen Wasserstraße zu sichern. Innerhalb von sieben Jahren entsteht eine steinerne Burg auf der Insel

017kn Abb.: ld

Slotsholmen, dort wo sich heute das Parlament Christiansborg erhebt. Je nach Sichtweise gilt 1160 oder 1167 als offizielles Gründungsjahr der Stadt.

Um 1200: Auf der Basis von neuen Klöstern und Kirchen wächst die junge Stadt rasant. Der ausgesprochen erfolgreiche und lukrative Fischfang sorgt für die ökonomische Unterfütterung des Booms und die in Salz eingelegten Heringe werden nach ganz Europa exportiert.

13. und 14. Jh.: Der wirtschaftliche Erfolg Kopenhagens bringt die Stadt mehrfach zwischen die Fronten. Die Lübecker Hansekaufleute akzeptieren keine Konkurrenz und es kommt zu mehreren kriegerischen Auseinandersetzungen, Besatzungen und großen Zerstörungen. Ein anderer Konfliktherd bricht zwischen Krone und Kirche aus: Die dänischen Könige wollen ihre Machtansprüche durchsetzen und die Stadt in ihren Herrschaftsbereich integrieren. Die katholische Kirche setzt sich erfolgreich mit Waffengewalt zur Wehr.

1416: Erik von Pommern, König der Kalmarer Union, die Dänemark, Schweden und Norwegen umfasst, drängt nach 250 Jahren die katholische Kirche endgültig zurück nach Roskilde und wird Herrscher über Kopenhagen.

1443: Als politisches, militärisches und ökonomisches Zentrum wird Kopenhagen auch offiziell Hauptstadt Dänemarks und löst den Vorgänger Roskilde ab.

1479: Die Universität Kopenhagen wird als erste höhere Bildungseinrichtung des Landes von Christian I. gegründet.

1536: Die Reformation setzt sich in Dänemark durch und am 30. Oktober 1536 wird der Katholizismus in Kopenhagen „abgeschafft". Noch heute sind ca. 58 % der Dänen Protestanten.

1596–1648: Die Regentschaft Christians IV. sind die prägendsten 50 Jahre der Stadt. Als junger König investiert er viel Energie und Geld in den Ausbau seiner Hauptstadt. Bauwerke wie die Börse oder das Schloss Rosenborg entstehen und die Stadtgrenzen werden erweitert: Das neue Stadtviertel Nyboder beherbergt die Matrosen der mächtigen Flotte und Christianshavn wird als neues Kaufmannsquartier aus dem Boden gestampft.

1660: Eine zweijährige schwedische Belagerung Kopenhagens scheitert und die Stadt wird nicht besetzt. Trotzdem gehen die dänischen Ländereien östlich des Öresunds 1658 an Stockholm und Schonen wird schwedisch.

1711: Von den 60.000 Einwohnern der Stadt überleben nur zwei Drittel die schwerste Pestepidemie der Stadtgeschichte.

Ende des 18. Jh.: Dänemark steuert international einen Neutralitätskurs und hält sich weitgehend aus allen Konflikten heraus. Als neutrale Macht kann man mit allen Kriegsteilnehmern Handel treiben und die Hauptstadt prosperiert dank der mächtigen dänischen Kriegsflotte, die Handelswege und -schiffe beschützt.

1807: Während der napoleonischen Kriege gerät Dänemark ins Visier Englands: Befürchtungen, dass sich Dänemark mit Frankreich verbünden könnte, führen zu einem Präventivangriff der englischen Flotte. Kopenhagen wird vom Meer aus massiv unter Feuer genommen, 1600 Bürger kommen bei dem Beschuss ums Leben und die dänische Flotte wird von den Engländern übernommen.

Erste Hälfte des 19. Jh.: Die kurz zuvor geschlossene Allianz mit Napoleon endet 1814 im Desaster: Norwegen muss an Schweden abgetreten werden und die wirtschaftliche Vormachtstellung im Ostseeraum ist nur noch Geschichte. Der ökonomische Abschwung wird jedoch von einer anderen Entwicklung kontrastiert: Es gibt eine künstlerische, literarische und wissenschaftliche Hochphase, die sich unter dem Terminus „Goldenes Zeitalter“ im Nationalstolz der Dänen verewigt.

1849: Eine unblutige Revolution mündet in der partiellen Entmachtung des Monarchen: Frederik VII. unterzeichnet in Christiansborg die neue Verfassung und besiegelt das Ende des Absolutismus.

Zweite Hälfte des 19. Jh.: Die neu gewonnen Freiheiten in Kombination mit den technischen Neuerungen der Industrialisierung führen zu einem rasanten Wachstum der Stadt. Die historischen Wallanlagen werden geschleift, Gas- und Wasserwerke stellen die Versorgung sicher und Handel, Handwerk, Banken und Industrie boomen. 1892 produziert das erste Kraftwerk der Stadt elektrischen Strom und rund um den Kongens Nytorv werden mit Glühbirnen ausgestattete Straßenlaternen in Betrieb genommen.

1910: Dänemarks Hauptstadt ist auf über 500.000 Bewohner angewachsen und die 50.000ste Toilette mit Wasserspülung wird fertiggestellt.

1914–1918: Als neutrales Land ist Dänemark nicht direkt von den kriegerischen Auseinandersetzungen des Ersten Weltkriegs betroffen, aber Mangelwirtschaft und Engpässe machen sich bemerkbar. Kriegsgewinnler waren die „Gulaschbarone“, die mit dem Verkauf von Konservennahrung an die deutsche Reichswehr ein Vermögen machten.

1925: Auf der Insel Amager wird auf einer Graspiste der erste Flughafen der Stadt eröffnet. Alljährlich nutzen 27–30 Mio. Passagiere den Copenhagen Airport Kastrup, den größten Flughafen des Landes.

1940–1945: Im Rahmen der Operation „Weserübung“ besetzen deutsche Truppen ohne größere Gegenwehr am 9. April 1940 das Nachbarland. Bis 1943 war das deutsche Besatzungsregime – im Vergleich zu anderen okkupierten Staaten in Europa – moderater und weniger brutal. Unter dem umstrittenen Begriff der „Samarbejdspolitikken“, der Zusammenarbeitspolitik, arrangieren sich viele Dänen mit dem unvermeidlichen Schicksal. Die erstarkende dänische Widerstandsbewegung führt aber zu einem Ende dieser erzwungenen Zusammenarbeit und im August 1943 versenkt die dänische Marine ihre Schiffe, um eine deutsche Übernahme zu verhindern. Die deutsche Kapitulation wurde am 4. Mai 1945 durch die Briten verkündet, offiziell erfolgte sie am 5. Bis heute ist der 5. Mai ein Gedenktag.

1947: Der Fingerplan wird erstellt und dient bis heute als grobe Blaupause für die Stadtentwicklung: Die Stadt soll entlang von vorhandenen oder noch zu schaffenden S-Bahn-Linien wachsen. Wie die Finger einer Hand sollen sich die Bahntrassen vom Zentrum ins Umland erstrecken, wobei zwischen den Fingern ruhige Grünstreifen die Lebensqualität sicherstellen.

1962: Im Stadtzentrum werden – als gegenläufige Entwicklung zum wachsenden Autoverkehr – Fußgängerzonen ausgewiesen. Die bekannteste und größte wird die Strøget, die sich heute über mehr als einen Kilometer erstreckt.

1971: Ein vormaliges Militärgelände in Christianshavn wird von Bürgern okkupiert und die Besetzer rufen den Freistaat Christiania aus.

1980er-Jahre: Dänemark und Kopenhagen geraten in einen Schuldenstrudel, da sich die Außenhandelsbilanz sehr negativ entwickelt. Mit einem Bündel von finanzpolitischen Maßnahmen – der sogenannten „Kartoffelkur", die direkt nach den Kartoffelferien (der alte dänische Name für die Herbstferien) im Herbst 1986 eingeführt wurde – kann der Kollaps abgewendet werden. Trotzdem sind die 1980er-Jahre eine Periode der Stagnation.

1992: Baubeginn für die erste Metrolinie, die zehn Jahre später den Dienst aufnimmt. Parallel werden Wohngebiete in der Peripherie modernisiert und die Bevölkerung Kopenhagens wächst, da attraktiver Wohnraum entsteht.

2000: Die Öresundbrücke wird eröffnet und verbindet Kopenhagen mit Malmö und Südschweden. Die Öresundregion mit insgesamt 3,9 Millionen Einwohnern und einem regen dänisch-schwedischen Austausch entsteht.

2007: Die Kopenhagener Immobilienblase platzt, nachdem in fünf aufeinanderfolgenden Jahren die Preise für Eigentumswohnungen und Häuser rasant gestiegen waren. Die Preise fallen bis zu 30 % und Wohneigentum wird auch für Normalverdiener wieder bezahlbar.

2009: In Kopenhagen trifft sich die Weltklimakonferenz der Vereinten Nationen. Trotz höchster Erwartungen scheitert die Konferenz hauptsächlich an US-amerikanischer und chinesischer Blockadepolitik.

2023: Von der Coronapandemie erholen sich Dänemark und seine Hauptstadt erstaunlich schnell. Im „Global Liveability Index" erreicht Kopenhagen 2023 den zweiten Platz im Ranking der weltweit lebenswertesten Städte (nach Wien).

2024: Das 399 Jahre alte Börsengebäude wird im April von einer Feuersbrunst weitgehend zerstört.

Am 22. Juni eröffnet König Frederik X. den südlichen Teil der neuen Metrolinie M4.

Leben in der Stadt

Das Zentrum Dänemarks ist ein infrastrukturelles und kulturelles Schlaraffenland. Die **öffentlichen Verkehrsmittel** ziehen sich in einem engmaschigen Netz über das gesamte Stadtgebiet. Die fahrerlosen Züge der Metro rauschen ungehindert auf ihren autonomen Routen unter Wasserwegen, Wohngebieten oder Hauptverkehrsachsen hindurch und verbinden die verschiedenen Stadtteile. Busse, oftmals auf eigenen, für den sonstigen Verkehr gesperrten Spuren, gleiten durch die Stadt und ermöglichen den Stadtbewohnern ein flottes Vorwärtskommen. Eine hohe Taktung

sorgt dafür, dass man selten länger als wenige Minuten an der Haltestelle auf ein Verkehrsmittel warten muss – auch nachts.

Ein einmaliges und gleichzeitig positives Phänomen fällt dem Besucher unweigerlich ins Auge, wenn sich vor roten Ampeln Trauben von Radfahrern bilden, die auf das grüne Fahrsignal warten: Kopenhagen ist die **Hauptstadt der Fahrradfahrer.** Das ebene Terrain und die moderaten Distanzen innerhalb der Stadt kommen dem Zweiradfahrer sehr entgegen. Außerdem sind die Radfahrer integraler Bestandteil der Verkehrsplanung. Allen Motorisierungstendenzen zum Trotz verfolgt die Stadtverwaltung seit Mitte der 1980er-Jahre eine dezidierte **Förderung des Fahrradverkehrs.** Seit dieser Zeit werden vermehrt **sehr breite Radwege** angelegt, die oft mit eigenen Ampeln ausgerüstet sind und den Zweirädern Priorität gegenüber den Autos einräumen. Ergänzt werden die klassischen Radwege, die parallel zum regulären Straßenverkehr verlaufen, durch eine Vielzahl an „grünen Radrouten", die eigens für Drahtesel konzipiert und meist **vom motorisierten Verkehr abgekoppelt** wurden. Das sorgt einerseits für besseren Fahrkomfort und andererseits sinkt die Unfallgefahr, da Autos und Räder sich nur noch selten in die Quere kommen. Sogar **eigens für Radfahrer errichtete Brücken** – in einer wasserreichen Stadt mehr als sinnvoll – sind in den letzten Jahren hinzugekommen und weitere sind in Planung. Aktuell verfügt die Stadt über 380 km reguläre Radwege plus 60 km an „grünen Routen". Und die Ergebnisse dieser Bemühungen können sich sehen lassen: 2021 nutzten 44 % der Hauptstädter das Zweirad täglich auf dem Weg zur Arbeitsstätte, Universität oder Schule!

Doch das ist den Verkehrsplanern nicht genug. Bis 2025 soll das Radwegenetz so attraktiv sein, dass die 50%-Marke geknackt wird. Der Ideenpool für **Innovationen** scheint noch lange nicht ausgereizt zu sein. Als letzte Neuerungen wurden schräg aufgestellte Mülleimer, bei denen man während der Fahrt seinen Unrat entsorgen kann, spezielle Fußrasten an Radampeln, farblich markierte Radparkplätze und LED-Warnsensoren an besonders unfallträchtigen Kreuzungen installiert. Aktuell (2024) existieren in und um Kopenhagen 230 km *Supercykelstier,* also **Fahrrad-Autobahnen,** die die umliegenden Gemeinden der Großstadt miteinander verbinden. In den kommenden Jahren soll deren Länge auf 850 km ausgebaut werden. Interessierte finden unter http://supercykelstier.dk die neuesten Infos zu dem Projekt.

Auch **kulturell** ist das Leben in der Metropole abwechslungsreich und breit gefächert. Eine Vielzahl an **Theatern und Bühnen** bieten ein buntes Veranstaltungsprogramm, Konzerthallen und Clubs offerieren Konzerte und Liveevents, über 70 Museen machen es dem Besucher – aber auch dem Einheimischen – schwer, sich zu entscheiden. Die **Kopenhagener sind vielseitig interessiert** und die meisten Veranstaltungen und Ausstellungen sind gut besucht. Man will ja schließlich mitreden können.

Zentrale und somit auch meist gut besuchte **Restaurants** sind nach deutschem Maßstab **ausgesprochen teuer.** Aber das schreckt den Hauptstädter nicht ab: Insbesondere an Wochenenden scheint die Devise „Man lebt nur einmal" zu sein und die Einheimischen strömen in Heerscharen in die gastronomischen Tempel. Besonders Freitag- und Samstagabend sollte man deshalb frühzeitig einen Tisch reservieren und die Kreditkarte nicht vergessen. Ähnliches gilt für das Nachtleben Kopenhagens. **Bars, Clubs und Diskotheken** sind trotz der **happigen Eintritts- und Getränkepreise** sehr gut besucht. Die Kopenhagener genießen das Leben und die Kreditkartenabrechnung kommt ja auch erst im nächsten Monat!

Nach einer Studie der Unternehmensberatung Mercer aus dem Jahr 2023 rangiert Kopenhagen im **weltweiten Vergleich der teuersten Städte an neunter Stelle,** wobei das Ranking von Hongkong, Singapur und Zürich angeführt wird. Da die dänischen **Nettogehälter** in der EU nach Luxemburg die zweithöchsten sind (Stand 2022), ist das Preisgefüge für die Einheimischen zu verschmerzen. Dem ausländischen Besucher hilft das jedoch nicht, weshalb vor der Restaurantbestellung ein Blick auf die Preise anzuraten ist.

Seit den 1990er-Jahren spiegelte sich die gewachsene Popularität der dänischen Hauptstadt auch auf dem **Immobilienmarkt** wider. Ob man in den eigenen vier Wänden oder zur Miete wohnt (was in Dänemark eher unüblich ist, da selbst junge Leute ihre Kronen in „Betongold" anlegen), Schnäppchen gibt es hier kaum.

Nach einer Abkühlung des Immobilienmarktes während der Finanzkrise 2008/2009 haben die **Wohnungspreise** in den letzten Jahren wieder rasant angezogen. In der zentralen Indre By im Stadtzentrum sind die Preise nach der Coronapandemie wieder etwas gefallen. Jedoch koste-

Die Brückenneubauten über den Hafen sind Radfahrern und Fußgängern vorbehalten

te Ende 2023 ein Quadratmeter Eigentumswohnung durchschnittlich immer noch 51.000 kr (ca. 6840 €). Kein Wunder also, dass die dänische Nationalbank eindringlich vor einer **Immobilienblase** warnt.

Die **Tourismusbranche** brach 2020/2021 – analog zu der globalen Entwicklung – in Folge der Covid-19-Krise sehr stark ein. Während 2019 noch über 14 Mio. Übernachtungen im Großraum Kopenhagen gezählt wurden, halbierte sich die Zahl im darauffolgenden Jahr. Insbesondere ausländische Gäste wurden kaum noch gezählt. Das Corona-Tief wurde jedoch erstaunlich schnell überwunden und 2023 wurden die **Übernachtungszahlen** von 2019, dem letzten Vor-Corona-Jahr, bereits wieder **übertroffen.** Dabei sind die deutschen Besucher im Pool der ausländischen Touristen dominant und kommen auf einen Anteil von 63 %. Der Umsatz in der Branche erreichte 2023 ebenfalls einen neuen Rekord: 70 Milliarden Kronen, über 9 Mrd. €. Darüber freuen sich nicht nur die Hotelbetreiber mit ihren 21.000 Hotelzimmern und die rund 60.000 Angestellten der Kopenhagener Tourismusbranche, sondern auch die Gastronomie und der Kulturbereich.

Seit Jahren kommen Soziologen unterschiedlichster Couleur immer wieder zum gleichen Ergebnis: **Die Dänen sind eines der glücklichsten Völker der Welt.** Bei globalen Befragungen zum seelischen und ökonomischen Heil landen unsere nördlichen Nachbarn immer wieder weit oben auf dem Treppchen. Die Gründe dafür sind nach Forscherangaben vielschichtig, wobei der bedeutendste Grund ein ganz simpler ist: Die Dänen sind mit dem Hier und Jetzt zufrieden und streben nicht nach Luxusvilla und Statussymbolen, sondern – Bescheidenheit ist eine Zier – arrangieren sich mit den Realitäten. Die dänische Gesellschaft ist ausgesprochen egalitär und die Einkommensschere ist geringer als in vielen anderen westlichen Demokratien. Der Vorstandsvorsitzende wird nicht um den Faktor 200 höher entlohnt als der einfache Arbeiter. Die meisten Dänen verdienen rund um den monatlichen Mittelwert, der allen ein gutes und angenehmes Auskommen sichert. Arbeitgeber und Arbeitnehmer gehen freundschaftlich miteinander um und das **kollegiale „Du“** ist selbstverständlich. Der gegenseitige Respekt bestimmt die Umgangsformen. Unterfüttert wird das entspannte Miteinander durch das **Janteloven,** ein ungeschriebenes Gesetz, das Bescheidenheit lehrt. Kaum ein Däne, erfolgreich wie er auch sein mag, würde vor Bekannten, Freunden oder Kollegen seine besonderen Leistungen hervorheben. „Es läuft nur deshalb so toll in der Sportmannschaft/im Betrieb/in der Hausgemeinschaft, weil alle mithelfen und die Gemeinschaft stark ist“, wäre eine absolut typisch dänische Aussage. Selbst ein Nobelpreisträger würde die intellektuelle Leistung, die der Preisverleihung zugrunde liegt, vor seinen Landsleuten als wenig brillant beschreiben und vermutlich Glück und Teamgeist der Forschergemeinschaft hervorheben.

Die grundlegende **medizinische Versorgung** und die **soziale Absicherung** stehen auf der Prioritätenliste der Dänen ganz oben und eine Regierung, die massiv an diesen Grundfesten rütteln würde, hätte die längste Zeit auf der Regierungsbank in Christiansborg gesessen. Man freut sich des Lebens, umgibt sich gerne mit Freunden und hat es **hyggelig.** Die wörtliche Übersetzung „gemütlich" greift jedoch zu kurz: Je nach Kontext kann man das Wort auch mit „geborgen", „niedlich", „angenehm" oder „freundlich" übersetzen. Superlative sind nichts für Dänen, sondern das moderate, kuschelige Wohlfühlen steht im Mittelpunkt ihres Daseins.

Aber keine Sorge, Dänemark ist alles andere als ein großer Waldorfkindergarten. Obwohl freundlich im Umgang mit Landsleuten und Fremden, tragen die Dänen verbal nicht immer Glacéhandschuhe. Oft formulieren sie mit spitzer Zunge und **der alltägliche Humor** ist nicht wegzudenken. Auch wenn es nicht sofort auffällt, die Dänen spicken ihre Äußerungen häufig und gerne mit **feiner Ironie,** die von Fremden nicht immer richtig eingeordnet werden kann. Selbst Politikerinterviews sind häufig – im deutschen Sprachraum fast unbekannt – zum Schmunzeln, da sich die dänischen Entscheidungsträger selber nicht zu ernst nehmen. Mitte der 1990er-Jahre zog der parteilose dänische Komiker Jacob Haugaard als direkt gewählter Kandidat für vier Jahre ins Folketing. Sein Hauptwahlversprechen „Immer Rückenwind für Radfahrer" hatte in Århus, der zweitgrößten Stadt des Landes, die Mehrheit überzeugen können.

Öffentlicher Nahverkehr in Perfektion: die Metro und der neue Cityringen

Nicht nur bei ARD und ZDF sitzen Sie in der ersten Reihe, auch in der führerlosen, **vollautomatischen Metro** Kopenhagens kann man ganz vorne Platz nehmen und den U-Bahn-Tunnel wie ein Lokführer wahrnehmen.

Anders als in den meisten westlichen Großstädten, die auf eine lange Tradition der unterirdischen Personenbeförderung zurückblicken können, ist die Kopenhagener Metro ein Kind des 21. Jahrhunderts. Die erste Teilstrecke wurde 2002 eröffnet und dann über die Jahre peu à peu erweitert und ausgebaut. Das

086kn Abb.: ld

Die Haltestelle Kongens Nytorv ist ein Knotenpunkt im Liniennetz Kopenhagens (s. hintere Umschlagklappe)

Rückgrat der Metro bilden die ersten zwei in Betrieb genommenen Trassen der M1 (grüne Linie) und der M2 (gelbe Linie), die beide nur im Stadtzentrum unterirdisch und ansonsten überirdisch verlaufen. Für Touristen ist besonders die M2 von Relevanz, da sie den **Flughafen Kastrup** (s. S. 106) mit der Innenstadt verbindet.

Das große Manko dieser zwei Linien waren jedoch die wenigen Haltestellen im Innenstadtbereich und insbesondere die Tatsache, dass der **Hauptbahnhof** nicht an das Metronetz angeschlossen war. Diese große Infrastrukturlücke wurde im Jahr 2019 geschlossen. Mit **illustren Fahrgästen** wie Königin Margrethe II. und der dänischen Ministerpräsidentin Mette Frederiksen wurde die **M3** (rote Linie) nach achtjähriger Bauzeit feierlich eröffnet. Der kreisförmige **Cityringen** hat eine Länge von gut 15 Kilometern, bedient dabei 17 Haltestellen und hat insgesamt ca. 3,4 Milliarden Euro gekostet. Eine Rundfahrt dauert insgesamt 24 Minuten und ist sowohl im wie auch gegen den Uhrzeigersinn möglich. Tagtäglich nutzen etwa 150.000 Passagiere den Cityringen. An den Stationen Kongens Nytorv und Fredriksberg ist der Übergang von der M3 zur M1 und M2 möglich.

Das **zweitgrößte Bauprojekt in der Geschichte Kopenhagens** – nur die Errichtung des Stadtviertels Christianshavn im 17. Jahrhundert hatte mächtigere Dimensionen – war damit aber noch nicht abgeschlossen. Die **Linie M4,** die in den Netzplänen blau markiert ist, verbindet seit 2020 das neuste Stadtentwicklungsareal um den nördlich gelegenen Nordhavn mit dem restlichen Metronetz. Seit Sommer 2024 bedient sie auch den Süden der Hauptstadt. Der Ausbau des öffentlichen Nahverkehrs genießt eindeutig Priorität in Kopenhagen, denn die Stadt strebt zeitnah eine komplette **Klimaneutralität** an und dabei ist die Abkehr vom motorisierten Individualverkehr ein wichtiger Baustein.

Fahrradschlange (Cykelslangen)

Das Gros der Verkehrsinfrastruktur wird erst nach Jahrzehnten oder sogar Jahrhunderten als „architektonisch bedeutsam“ oder „wertvoll“ angesehen. Bei der Fahrradschlange waren die Zeitgenossen schon bei der Eröffnung 2014 euphorisiert.

Eine eigene Rad-Infrastruktur, die nicht wie eine provisorische Notlösung an existierende Verkehrswege der automobilen Gesellschaft angebunden wird, sondern eigene, autonome Wege sucht, ist der erklärte Wille der Kopenhagener Stadtplaner. Die moderne Stahlkonstruktion, die sich auf einer Länge von 190 Metern im Süden der Stadt über das Hafenwasser Kopenhagens schlängelt, ist somit ein Eckpfeiler des Projekts „Fahrrad-freundlichste Stadt der Welt“. Selbst Fußgängern ist die Benutzung der Brücke untersagt und die Pedalritter können die Stadt gefahrlos durchqueren. Der orange Untergrund, nachts sogar beleuchtet, ähnelt einer olympischen Leichtathletik-Sprintstrecke und die augenfällige Parallele ist nicht zufällig: Das Velo hat Vorfahrt und Wegstrecken innerhalb der Stadt sollen schneller zurückgelegt werden können. Über 14.000 Radler nutzen das 5 Mio. Euro teure Bauwerk täglich.

082kn Abb.: ©badahos, stock.adobe.com

An- und Rückreise

Mit dem Flugzeug

Seit 1925 liegt der hauptstädtische Flughafen nur 9 km südlich vom Zentrum entfernt auf der Insel Amager. Offiziell unter dem Namen **Københavns Lufthavn** firmierend, wird der Airport von den Einheimischen nur kurz und prägnant **Kastrup** genannt. Mit jährlich ca. 27 Millionen (2023) Flugpassagieren, davon etwa zwei Drittel internationale Gäste, ist er einer der größten Flughäfen des Nordens und ein Drehkreuz der skandinavischen Airline SAS. Fast alle etablierten europäischen Fluggesellschaften haben Kastrup in ihrem Flugplan. Aus dem deutschen Sprachraum steuern Austrian Airlines, easyJet, Eurowings, Lufthansa, Norwegian Air, Ryanair, SAS und Swiss die dänische Hauptstadt direkt an.

› **Flughafen Kastrup:** www.cph.dk

Die preisgünstigste und flotteste Methode, um vom Flughafen in die Stadt zu kommen, ist die **Metro** (M2). Tagsüber verkehrt sie in 4- bis 6-minütigen Intervallen und die Fahrzeit bis ins Stadtzentrum beträgt ca. 15 Minuten. In den Nachtstunden fährt alle 15 bis 20 Minuten eine Metro ins Herz der Stadt. Die Metrostation befindet sich am Terminal 3 und die Fahrscheine können am Schalter der DSB, dem dänischen Pendant der Deutschen Bahn, oder an Automaten erstanden werden, die jedoch **nur dänische Münzen oder Kreditkarten** bzw. Master- oder Visa-Debitkarten akzeptieren. Der Preis für eine einfache Fahrt beträgt 36 kr (drei Zonen). Die Tickets sind ab Kauf 90 Min. gültig und müssen nicht weiter entwertet werden. Man kann auch gleich eine Rejsekort (s. S. 129) erwerben.

Alternativ können auch reguläre **Züge** für den Weg in die Stadt genutzt werden, die aber nicht so häufig verkehren wie die Metros. Der Zugbahnhof befindet sich ebenfalls am Terminal 3 und alle Züge Richtung Innenstadt verkehren ab Gleis 2. Der öffentliche Nahverkehr bietet noch eine dritte Transportmöglichkeit: den **Bus.** Besonders wenn das Ziel etwas abseits der Metro- bzw. Zugtrasse liegt, kann die direkte Busverbindung zeitlich attraktiver sein. Die Linie 5C fährt direkt vor dem Internationalen Terminal (Haltestelle: Københavns Lufthavn (Ellehammersvej) ab – man sollte sich aber vorher informieren, ob das gewünschte Ziel auch wirklich an der Route liegt.

Die bequemste Art des Weitertransports stellt das **Taxi** dar. Für ca. 300 kr kommt man innerhalb von 15 bis 20 Minuten direkt zu seinem innerstädtischen Ziel.

Mit dem Auto

Die Anreise mit dem Pkw hat den besonderen Reiz, dass man unterwegs noch einiges von der **dänischen Landschaft** zu sehen bekommt oder die Anreise sogar mit einer Minikreuzfahrt kombinieren kann. Von Deutschland aus gibt es **drei Hauptrouten**, die in Betracht kommen. Die **schnellste und kürzeste Verbindung** führt von Hamburg über Lübeck auf die Insel Fehmarn. Dort fährt man mit dem Auto auf die Fähren der Vogelfluglinie, die Puttgarden (Fehmarn) mit dem dänischen Hafen Rødby

Vorseite: Der Blick vom Turm der Erlöserkirche ㉔ *ist nur etwas für Schwindelfreie*

(auf der Insel Lolland) verbinden. Die 45-minütige Fahrzeit auf den modernen Fähren kann man angenehm auf dem Sonnendeck oder in der Cafeteria verbringen. Die hervorragend ausgebaute Strecke vom dänischen Anleger bis in die Hauptstadt beträgt 160 Kilometer und nach einem Drittel der Strecke kommt man über die **majestätische Farø-Brücke,** die die Inseln Falster und Seeland miteinander verbindet.

Eine **alternative Fährverbindung,** besonders interessant für Anreisen aus dem Osten Deutschlands, stellt die Route Rostock – Gedser dar. Die Fahrzeit auf der Ostsee beträgt zwei Stunden und ab Gedser sind es dann noch 150 Kilometer bis nach Kopenhagen. Wem der Wasserweg nicht so zusagt, kann auch die Land-Brücken-Verbindung **über das dänische Festland** und die Brücke über den Großen Belt wählen. Die Fahrstrecke ist jedoch länger und auch die Brückenmaut sollte bedacht werden.

› www.scandlines.de

Mit dem Bus

Auch per **Linienbus** kann man die dänische Hauptstadt erreichen. Die Fahrten sind ab vielen deutschen Großstädten möglich. Pro Strecke muss man mit Preisen zwischen 15 und 65 € kalkulieren. Mit etwas Glück und einer langfristigen Buchung kann man die Tickets auch günstiger bekommen. Besonders die Verbindung Berlin – Kopenhagen ist sehr attraktiv, da es mehrfach pro Tag Abfahrten gibt. Die Gesamtfahrzeit auf letztgenannter Route beträgt ca. 8–9 Stunden. Nachdem die Deutsche Bahn die Busverbindung nach Kopenhagen eingestellt hat, gibt es mit Flixbus nur noch einen Anbieter. Die Busse halten am **Hauptbahnhof,** Ingerslevsgade/Ecke Tietgensgade [em–n].

› www.flixbus.de

Mit dem Zug

Die Deutsche Bahn bietet in Kooperation mit der dänischen Staatsbahn (DSB) direkte Zugverbindungen **von Hamburg nach Kopenhagen** an. Im 2-Stunden-Takt verlassen die Züge den Hamburger Hauptbahnhof und erreichen über Jütland, Fünen und die Großer-Belt-Brücke (Storebæltsbroen) schließlich den **Hauptbahnhof** [A6] *(København Hovedbanegård).* Die direkten Züge benötigen ca. 4½ Stunden, während man für die Verbindung mit Umstieg in Fredericia gut 5 Stunden einplanen muss.

› www.bahn.de

Eine echte Alternative zum DB-Angebot sind die **Nachtzüge** der schwedischen **Privatbahn Snälltåget:** Sie verkehren im Sommerhalbjahr zwischen Berlin und Stockholm mit Zwischenstopps in Hamburg und

037kn Abb.: ld

Bahnsteig am Kopenhagener Hauptbahnhof [A6]

dem Vorortbahnhof **København Ørestad** im Süden der Stadt (angebunden an die Metrolinie 1). Preise und Abfahrtszeiten findet man unter:

› www.snalltaget.se

Autofahren

Parken

Im Innenstadtbereich gibt es, anders als in Deutschland, kaum größere Parkplätze. Es wird zu 90 % **am Straßenrand geparkt** und kaum ein Däne fährt mit dem Auto in die City. Die wenigen zentralen Parkplätze findet man hier:

P110 [C4] **Jeudan Parkering**, Gammel Mønt 1–3, Tel. 41997500, www.jeudan.dk, geöffnet: Mo.–Fr. 7–20, Sa. 7–18 Uhr (das Auto kann aber zu jeder Zeit abgeholt werden!), Parkgebühr: 60 kr/Std. (nachts 32 kr/Std.)

P111 [C5] **Q-Park Magasin du Nord,** Bremerholm 2, www.q-park.dk, rund um die Uhr geöffnet, max. Fahrzeughöhe 1,90 m, Parkgebühr: 8–20 Uhr 54 kr/Std., 20–8 Uhr 40 kr/Std. Sehr zentrales Parkhaus, das aufgrund der guten Lage auch seinen Preis hat.

P112 [A3] **Q-Park Nørreport,** Linnésgade 1, unterirdische Parkgarage, max. Höhe 2,1 m, www.q-park.dk, geöffnet: tägl. 24 Std. geöffnet, Parkgebühr: 44 kr/Std. (nachts 34 kr/Std.)

An vielen Bahn- und Metrostationen im Kopenhagener Umfeld gibt es Parkhäuser, in denen man das Auto auch **tageweise** stehen lassen kann, z. B. das Parkhaus des Shoppingcenters Field's am Bahnhof Ørestad, von dem aus man per Metro 1 in die Stadt fahren kann.

P113 **Field's Parkeringskælder,** Arne Jacobsens Allé 12, https://fields.steenstrom.dk/services/parkering, Parkgebühr: 150 kr/Tag

Kostenfreie Langzeitparkplätze gibt es in Kopenhagen nicht. Wer länger in der Stadt verweilt, kann jedoch am Seitenstreifen des Amager Strandvej parken und über die Metro-Haltestellen „Amager Strand“ oder „Femøren“ ins Zentrum gelangen.

Besondere Verkehrsregeln in Dänemark

› **Höchstgeschwindigkeit:** innerorts 50 km/h, Landstraße 80 km/h, Autobahn 130 km/h (in Ausnahmefällen teilweise nur 110 km/h)
› **Abblendlicht:** In Dänemark muss immer mit Abblendlicht gefahren werden, auch bei strahlendem Sonnenschein.
› **Anschnallen:** Für alle Fahrzeuginsassen gilt Anschnallpflicht.
› **Promillegrenze:** 0,5 Promille
› **Vorfahrt:** An vielen Kreuzungen oder Straßenmündungen findet man kein regelndes Verkehrszeichen. Hier muss man auf die **Fahrbahnmarkierungen** achten, da in Dänemark die sogenannten „Haifischzähne“ die Vorfahrt regeln: Zeigt die Spitze zum Fahrzeug, muss man Vorfahrt gewähren.

Mietwagen

Wer nicht mit dem eigenen Pkw anreist, aber trotzdem auf ein Auto nicht verzichten möchte, dem bietet sich selbstverständlich die Möglichkeit, einen Pkw zu mieten. Besonders für **Tagesausflüge** ins Umland sind die „eigenen“ vier Räder zu empfehlen. Alle großen **Autoverleiher** haben mehrere Filialen in Kopenhagen, zumeist in der Innenstadt und direkt am internationalen Terminal am Flughafen Kastrup.

Tanken

Viele **Tankstellen** sind komplett **automatisiert** und man muss am Terminal auf digitalem Weg zahlen, da Bargeld nicht mehr angenommen wird.

Die Bezeichnungen der **Benzinsorten** weichen teils von den deutschen ab:

- **Super** = 95 Oktan
- **Super Plus** = 98 Oktan
- **Diesel** = Diesel

Verkehr

Grundsätzlich ist das Autofahren, egal ob im Miet- oder Privatwagen, in Dänemark **entspannter** als auf deutschen Straßen. Die Nordlichter lassen ihre Gefährte weniger aggressiv und gemütlicher über den Asphalt rollen. Selbst in der Metropole Kopenhagen geht es dementsprechend ruhiger zu als in deutschen Großstädten mittlerer Größe.

Das **Straßennetz** ist hervorragend ausgebaut und die Nutzung durchgehend gebührenfrei. Ausnahmen bilden nur die Fährverbindungen und die beiden mächtigen Brückenkonstruktionen in west-östlicher Richtung. Für die Große-Belt-Brücke, die die Inseln Fünen und Seeland verbindet, wird eine **Mautgebühr** von 275 kr erhoben und für die Öresundbrücke zwischen Dänemark und Schweden werden 455 kr fällig (bei Onlinebuchung, jeweils für einen Pkw bis zu 6 m Länge pro Überquerung).

Beim **Falschparken** verstehen die dänischen Ordnungshüter noch weniger Spaß als ihre deutschen Kollegen. Auf entsprechend markierten Flächen zeigen meist Schilder die erlaubte Parkdauer an: 1 time, 2 timer usw. (1 Stunde, 2 Stunden). Entsprechend ist die obligatorische **Parkscheibe** auf die Ankunftszeit einzustellen, wobei die Dänen nur halbstündliche Einteilungen erlauben (sprich: zwischen z. B. 9.46 und 10.15 Uhr den Pfeil jeweils auf die volle Stunde – also 10 Uhr – und zwischen 10.16 Uhr und 10.45 Uhr auf „halb“ – also 10.30 Uhr – stellen). Oftmals klärt einen auch der **Parkscheinautomat** über den zu entrichtenden Stundensatz auf. Ganz wichtig: Immer mindestens **10 Meter Abstand** zur nächsten Straßenecke einhalten. Alle Verfehlungen schlagen mit mindestes 510 kr (ca. 70 €) zu Buche, die auch in Deutschland gerichtlich eingetrieben werden können.

Bei **Pannen** kann man sich unter der Telefonnummer 70102030 direkt an den **Falck Pannen- und Rettungsdienst** wenden oder seinen **Automobilclub** in der Heimat kontaktieren. Bei schwereren Unfällen sollte man die **dänische Notrufnummer 112**, die für Polizei und Krankenwagen gleichermaßen gilt, umgehend wählen.

Barrierefreies Reisen

Die Möglichkeiten für Menschen mit einer Behinderung, sich in Kopenhagen unabhängig zu bewegen, sind besonders im Vergleich zu anderen europäischen Großstädten recht ausgeprägt, wie das Beispiel des **öffentlichen Personennahverkehrs** zeigt: Die Metro und die öffentlichen Busse sind behindertengerecht ausgestattet und die Fahrer helfen gern beim Zusteigen.

Zudem bieten die meisten **Taxis** ausreichend Platz, um einen Rollstuhl mitzuführen. Vorheriges Nachfragen beim jeweiligen Taxiunternehmen ist allerdings sinnvoll. Die meisten **Museen** der Stadt verfügen über eine behindertengerechte Infrastruktur, die **Bürgersteige** sind breit, in einem guten Zustand und vielerorts für Rollstuhlfahrer abgesenkt.

Die **Fußgängerampeln** der Stadt geben akustische Signale und sind somit auch für Menschen mit Sehbehinderung geeignet. Jedoch sollten Sehbehinderte (wie auch Normalsichtige!) besonders auf die oft parallel zum Bürgersteig verlaufenden **Radwege** achten: Die Radfahrer der Stadt fahren ausgesprochen flott und haben Vorfahrt.

Auch die meisten Gebäude sind auf die Bedürfnisse Behinderter eingerichtet. Alle **öffentlichen Gebäude** müssen von Gesetzes wegen für Menschen mit Behinderungen erreichbar sein. Ebenfalls wurde per Gesetz verfügt, dass jedes Gebäude mit mehr als drei Stockwerken einen Aufzug haben muss. **Toiletten** für Rollstuhlfahrer gibt es in vielen Restaurants, Einkaufszentren oder öffentlichen Einrichtungen. Einige Hotels bieten darüber hinaus spezielle Allergikerzimmer an. Generell kann man davon ausgehen, dass man in Unterkünften, Museen und anderen öffentlichen Einrichtungen den speziellen Bedürfnissen körperlich eingeschränkter Menschen gegenüber aufgeschlossen ist.

Beliebt bei Einheimischen wie Touristen: die gelben Wasserbusse (s. S. 128)

Diplomatische Vertretungen

- •**114 Botschaft der Bundesrepublik Deutschland,** Göteborg Plads 1, Nordhavn, S-Bahn: Nordhavn, Tel. +45 35459900, in Notfällen: +45 40172490, https://kopenhagen.diplo.de, Telefonzentrale Mo.–Do. 8–16.30, Fr. 8–15 Uhr
- •**115 Österreichische Botschaft,** Sølundsvej 1, S-Bahn: Svanemøllen Station, Tel. +45 39294141, in Notfällen: +45 21727941, www.bmeia.gv.at/oeb-kopenhagen, geöffnet: Mo., Di., Do., Fr. 10–12, Mi. 14–16 Uhr
- •**116 Schweizerische Botschaft in Dänemark,** Richelieus Allé 14, Hellerup, S-Bahn: Hellerup Station, von dort ca. 1,5 km Fußweg, Tel. +45 33141796, Helpline: +41 800 247365, www.eda.admin.ch/copenhagen

Elektrizität

Die Elektroanschlüsse machen in Dänemark **keine Probleme:** Bei 230 Volt Netzspannung werden die auch in Deutschland üblichen Steckdosen verwendet. Auf Adapter kann folglich verzichtet werden. Oft haben die Steckdosen jedoch einen Ein-/Ausschalter, den man nicht übersehen sollte!

Geldfragen

Dänemark ist zwar Mitglied der EU, jedoch kein Mitglied in der Währungsunion. Folglich ist die gültige Währung die **Dänische Krone (kr)** und nicht der Euro. Eine Dänische Krone besteht aus 100 Øre. Im Alltag spielt die Untereinheit der Krone jedoch

Kopenhagen preiswert

- Eine der fahrradfreundlichsten Städte der Welt muss man einfach mal **auf zwei Rädern durchkreuzen.** Breite Radwege und ausschließlich für Drahtesel angelegte Brücken machen das ‚Cruisen' zu einem wahren Vergnügen. Mieträder zu fairen Tagespreisen – egal ob mit unterstützendem Elektromotor oder ohne – gibt es vielerorts (s. S. 119).
- Einmal den Blick über die dänische Hauptstadt schweifen lassen und bei klarem Wetter sogar die Ostsee am Horizont ausmachen – vom stolzen **Turm Christiansborgs** 10, dem Sitz des dänischen Parlaments, ist das möglich. Und der Besuch der Aussichtsplattform in 44 m Höhe ist sogar kostenlos!
- **Hafenrundfahrt** zum kleinen Preis gefällig? Mit den **Wasserbussen** der Linien 991 (Richtung Süden) und 992 (Richtung Norden), die als reguläre Verkehrsmittel eingesetzt werden, kann man zum Preis einer Einzelfahrt (24 kr oder 16,50 kr mit der Rejsekort, s. S. 129) von Tegelholmen (Süden) nach Nordre Toldbod (Norden) einmal komplett durch den Hafen fahren. An der nördlichen Endhaltestelle wird man auch schon erwartet: Die Kleine Meerjungfrau 22 sitzt dort auf ihrem Stein!
- Die **Copenhagen Card – Discover,** die es wahlweise für 24, 48, 72 oder 120 Stunden gibt, ist ein attraktives Angebot für Besucher. Mit ihr kann man die bedeutendsten Museen besuchen, die populären Hafenrundfahrten genießen, die öffentlichen Verkehrsmittel nutzen oder einfach mal im Vergnügungspark Tivoli 1 die Puppen tanzen lassen – all diese Attraktionen und Fahrmöglichkeiten sind für Kartenbesitzer kostenfrei! Die Karte „Discover" kostet für Erwachsene zwischen 64 € (für 24 Std.) und 154 € (für 120 Std.) und für Kinder von 12 bis 15 Jahren zwischen 35 € und 83 €. Pro Erwachsenem können maximal zwei Kinder unter 12 Jahren gratis mitgenommen werden, diese müssen jedoch bereits beim erstmaligen Kartenkauf angemeldet werden! Die **Copenhagen Card – Hop** (24, 48 oder 72 Std.) ist etwas teurer, beinhaltet jedoch Fahrten mit den beliebten Hop-on-Hop-off-Bussen. Die Copenhagen Cards sind **nur in digitaler Form** erhältlich. Wer sie nutzen will, benötigt ein Smartphone oder ein Tablet und die **App „Copenhagen Card City Guide"** (gratis für Android und iOS). Unter **https://copenhagencard.com** kann man die digitale Karte erstehen und sich über die eingeschlossenen Attraktionen und das technische Prozedere informieren.

Wechselkurs
Stand: Mitte 2024

1 €	=	7,46 kr
1 SFr	=	7,66 kr
1 kr	=	0,13 € bzw. 0,13 SFr

keine nennenswerte Rolle und die kleinste Münze ist das 50-Øre-Stück, weshalb die **Preise immer gerundet** werden.

Trotz des gemeinsamen EU-Binnenmarkts hat sich die **Preisschere zwischen Deutschland und Dänemark** in den letzten Jahren nicht geschlossen. Im Lebensmittelsektor bezahlt man bei den nördlichen Nachbarn durchschnittlich 30 % mehr als in „Tyskland" (Stand 2023). Im Bereich der alkoholischen Getränke muss man sogar noch tiefer ins Portemonnaie greifen und mit 50 % mehr kalkulieren. Die Preise bei Dänemarks nordischen Nachbarn sind jedoch diesbezüglich noch höher und während dort Bier, Wein oder hochprozentige Destillate nur in staatlich lizenzierten Läden vertrieben werden, kann man sie in Dänemark ganz normal im Supermarkt erstehen. Bei modischen **Textilien** und sportlicher Freizeitbekleidung kann man auch als Deutscher oftmals Schnäppchen machen, da in Dänemark mehrfach im Jahr ausgeprägte „Ausverkaufsaktionen", auf Dänisch mit **„udsalg"** gekennzeichnet, lanciert werden.

Wer Bargeld braucht, kann mit seiner **Debit-(Giro-)karte** und der persönlichen **Geheimnummer** auch im kleinsten dänischen Städtchen am *pengeautomat* (Geldautomat) Geld abheben. **Kreditkarten** sind bei den Nordlichtern deutlich populärer als in Deutschland oder Österreich. So findet man praktisch keinen volljährigen Dänen, der nicht mit der Kreditkarte zahlt, und wenn es nur die Packung Kaugummi in der Tankstelle ist. Auch abends wird gern mit dem Plastikgeld bezahlt und so ist es gang und gäbe, dem Barkeeper, bei dem man ein Bier und eine Cola bestellt hat, die Kreditkarte auf die Theke zu legen.

Wer **Euro in Dänische Kronen wechseln** möchte, sucht entweder eine Bank auf oder entscheidet sich für die kleinen **Wechselstuben**, die auch deutlich kundenfreundlichere Öffnungszeiten bieten. Von letzteren findet man im Innenstadtbereich von Kopenhagen diverse, besonders markant sind die gelben Filialen der Forex-Kette (www.forexvaluta.dk).

- ●**117** [em] **Forex Hauptbahnhof**, im Hauptbahnhof, am nördlichen Ausgang, Tel. 81958113, geöffnet: Mo.–Fr. 9–19, Sa. 10–18 Uhr
- ●**118** [B3] **Forex Nørreport**, Nørre Voldgade 90, Tel. 81958114, geöffnet: Mo.–Fr. 10–18 Uhr

Informationsquellen

Infostellen in der Stadt

Die erste Adresse, die von Touristen bei Fragen jeglicher Art angesteuert werden sollte, ist die Tourist-Info, die sich nur wenige Meter vom Hauptbahnhof entfernt befindet:

- ℹ**119** [em] **Copenhagen Visitor Centre**, Vesterbrogade 4B, Tel. +45 70222442, https://visitorservice.kk.dk, geöffnet: Mo.–Fr. 9–16, Sa., So. 10–15 Uhr (saisonal teilweise verlängerte Öffnungszeiten). Das Visitor Centre ist eine Institution, an der sich andere Städte ein Beispiel nehmen könnten. Diverse Infowände, nach inhaltlichen Schwerpunkten sortiert, geben Auskunft über

Unterkunft, Transport, Museen, Veranstaltungen, Gastronomie etc. Ergänzt wird das Angebot durch eine Vielzahl an Informationsbroschüren, Flugblättern und Stadtplänen, die man kostenlos mitnehmen kann. Elektronische Medien sind an Touchscreen-Computern zugänglich und wessen Fragen dann noch immer nicht beantwortet sind, der erhält selbstverständlich auch eine persönliche Beratung durch die freundlichen Servicemitarbeiter, die meist auch des Deutschen mächtig sind. Für ein persönliches Gespräch sollte man umgehend eine Wartenummer ziehen, damit man möglichst bald zum Beratungsschalter gerufen wird.

Informationen über regionale Züge (inkl. S-Bahnen), nationale Fernzüge und internationale Verbindungen erhält man im **DSB Rejsecenter,** das sich im historischen Wartesaal des Hauptbahnhofs befindet.

ⓘ**120** [em] **DSB Rejsecenter,** Banegårdspladsen 7, Tel. +45 70131415, www.dsb.dk, Mo.-Fr. 7-20, Sa., So. 8-18 Uhr. Außerhalb der regulären Öffnungszeiten kann man Fahrscheine an den Fahrkartenautomaten erwerben. Bei verlorenen Gegenständen wendet man sich auch an das Rejsecenter oder erreicht das Fundbüro der Dänischen Staatsbahn ebenfalls unter obiger Telefonnummer.

Eintrittskarten für Theater, Konzerte, Zirkus, Varieté oder Sportveranstaltungen erhält man von spezialisierten Ticketgroßhändlern oder bei den jeweiligen Spielstätten, die meist auch noch ihren eigenen Kartenverkauf betreiben.

› **www.billetlugen.dk,** Tel. 70263267, Mo.-Do. 9.30-16, Fr. 9.30-15.30 Uhr
› **www.ticketmaster.dk.** Oft werden Veranstaltungstickets auch in der Touristeninformation verkauft, die vielfach mit ticketmaster kooperiert.

Ein guter Anlaufpunkt für Events jeglicher Art ist auch der Ticketschalter des Vergnügungsparks Tivoli ❶.

› **Tivoli Box Office,** Vesterbrogade 3 (direkt links neben dem Haupteingang), Tel. 33151001, www.tivoli.dk, geöffnet: in der Saison Mo.-Fr. 10-20 Uhr, außerhalb der Saison Mo.-Fr. 10-18 Uhr

Kopenhagen im Internet

› **www.visitcopenhagen.de:** Der umfangreiche Internetauftritt des Kopenhagener Fremdenverkehrsamtes ist ein idealer Anlaufpunkt, um aktuelle Ereignisse und Veranstaltungen in der Stadt in Erfahrung zu bringen. Aber auch übergeordnete Kategorien wie „Hotels" oder „Essen" können bei der Reisevorbereitung helfen.
› **https://international.kk.dk:** Betrieben von der Stadtverwaltung, wirkt diese Seite auf den ersten Blick sehr sachlich und nüchtern. Es stehen nicht Sehenswürdigkeiten und Gastronomie im Vordergrund, sondern die größeren Zusammenhänge und die zukünftige Stadtentwicklung. In englischer Sprache werden neuste Nachrichten und Hintergründe präsentiert.
› **www.copenhagen.com:** englische Seite, die neben Infos zu Sehenswürdigkeiten, Museen und typischen touristischen Interessen auch praktische Tipps von A bis Z gibt. Stringent eingeteilt in Kategorien oder alphabetisch geordnet und somit gut zum Nachschlagen – der Seitenbesucher entscheidet selbst.
› **www.goethe.de/ins/dk/de:** Auf der offiziellen Seite des deutschen Goethe-Instituts stehen vor allem die deutsch-dänischen Beziehungen im Fokus. Aktuelle Veranstaltungen und Ausstellungen werden beleuchtet und auf Deutsch besprochen.

Meine Literatur- und Filmtipps

- **Hans Christian Andersen,** Andersens Märchen, Anaconda Verlag 2010. Über 100 Märchen des berühmten Autoren sind in diesem Band zusammengefasst.
- Die **Krimis** des in Deutschland relativ unbekannten **Dan Turèll** wurden bereits verfasst, als die Erfolgswelle von skandinavischen Autoren nicht einmal zu erahnen war. Turèll (1947–1993) schildert in seinen Büchern das inzwischen verblichene Kopenhagen der 1970er/1980er-Jahre und verpackt seine Milieustudien in zwölf Krimis, in denen ein namenloser versoffener Journalist der Protagonist ist.
- **Peter Høeg** und dessen literarischer Durchbruch mit „Fräulein Smillas Gespür für Schnee" versetzen Leser ins winterlich kalte Kopenhagen. Wenn man sich in Høegs Schreibstil hineingelesen hat, dann lässt einen das Buch nicht mehr los.
- Ein absolutes Muss für Krimiserienfreunde ist **„Kommissarin Lund – Das Verbrechen"**. Die Kopenhagener Kommissarin Lund ermittelt dabei in sehr verwobenen Fällen, die mit abrupten Wendungen aufwarten und immer einen unerwarteten Ausgang haben. Die drei Staffeln umfassende Serie, die bis 2013 produziert wurde, wird noch gelegentlich im deutschen TV wiederholt.
- Das Historiendrama **„1864"**, eine achtteilige Serie zum Deutsch-Dänischen Krieg um Schleswig-Holstein, erzählt von Liebe, Hass, Verrat und Zusammenhalt. Mit 23 Mio. Euro Produktionskosten ist es die bis dato teuerste dänische TV-Produktion.
- Sidse Babett Knudsen spielt in der Serie **„Borgen"** die machthungrige, ehrgeizige Politikerin Birgitte Nyborg. Ihr Aufstieg und Fall werden dramaturgisch fesselnd beschrieben. Drei in den 2010er-Jahren vom dänischen Sender DR1 produzierten Staffeln folgte 2022 eine vierte Staffel in Koproduktion mit der Streamingplattform Netflix.

039kn Abb.: cmc/Morten Jerichau

Publikationen und Medien

Informationsbroschüren, **Stadtpläne** und der aktuelle **Veranstaltungskalender** in gedruckter Form liegen in vielen Hotels, Unterkünften und Lokalen kostenfrei aus. Selbstverständlich sind die Publikationen auch im Copenhagen Visitor Centre (s. S. 112) erhältlich.

Einen ruhigen Leseplatz am Wasser findet man überall in der Stadt

LGBT+

Dänemark gilt traditionell als ein **Hort der Toleranz und Liberalität,** auch wenn es in den 2000er-Jahren unter wechselnden konservativen Regierungen zeitweise in die **gegenläufige Richtung** ging. Bereits im Jahr 1933 wurde Homosexualität legalisiert und als weltweit erstes Land verabschiedete Dänemark 1989 ein Gesetz zu **eingetragenen Lebenspartnerschaften.** Personen des öffentlichen Lebens stehen seit vielen Jahren offen zu ihrer sexuellen Orientierung und somit war es auch nie ein mediales Thema, ob ein Außenminister schwul oder eine TV-Moderatorin lesbisch ist.

Kopenhagen ist das Zentrum dieses toleranten Landes und somit konzentriert sich auch hier die homosexuelle und queere Kultur.

In **Bars, Kneipen** und **Nachtclubs** wird offen die Lebensart der LGBT-Community zelebriert. Diese Szene ist jedoch sehr beweglich und unterliegt einem ungemein schnellen Wandel: Was heute hip ist, kann morgen schon wieder „kalter Kaffee" sein. Unter **https://outandabout.dk** kann man sich über die aktuell angesagten Adressen und Partys infomieren. Als „Institutionen" unter der Regenbogenfahne sind aber folgende zu empfehlen:

- **121** [bm] **Café Intime,** Allégade 25, Tel. 38341958, www.cafeintime.dk, geöffnet: tägl. 16–2 Uhr. Schon in den 1920er-Jahren trafen sich hier Künstler, Musiker und andere Kreative. Sonntags wird allwöchentlich zum *Jazzsøndag* mit Live-Auftritten gebeten (20–23 Uhr). Das Publikum besteht vornehmlich aus gleichgeschlechtlich orientierten Männern und Frauen, aber auch Heteros sind willkommen.
- **122** [B5] **Centralhjørnet,** Kattesundet 18, www.centralhjornet.dk, Tel. 33118549, geöffnet: So.–Do. 12–2, Fr., Sa. 12–4 Uhr. Seit Jahrzehnten stellt die „Zentralecke" einen der abendlichen Anlaufpunkte des schwulen Kopenhagen dar. Ohne Pomp und mit einer schlichten Inneneinrichtung, regelmäßigen Live-Auftritten und fairen Getränkepreisen hat die Bar ein festes Stammpublikum.
- **123** [B5] **Oscar Bar – Cafe,** Regnbuepladsen 9, Tel. 33120999, www.oscarbarcafe.dk geöffnet: So.–Do. 11–24, Fr., Sa. 11–2 Uhr. Kleine Mahlzeiten und kühles Bier locken an allen Wochentagen homosexuelle Gäste aus aller Welt in die kleine, gemütliche Eckbar in der Nähe des Rathauses.
- **124** [dm] **Vela Gay Club,** Viktoriagade 2–4, Tel. 33313419, www.velagayclub.dk, geöffnet: Do. 20–2, Fr., Sa. 20–5 Uhr. Früher ein ausgewiesener Lesbenclub, ist im Vela heute die gesamte LBGT-Community willkommen, wenn auch der Anteil der weiblich gelesenen Personen weiterhin überwiegt. Nicht verpassen sollte man den berüchtigten Cocktail „Lesbian Kiss".

Medizinische Versorgung

Aufgrund europäischer Abkommen sind **EU-Bürger** bei ärztlichen Behandlungen **den Dänen gleichgestellt,** folglich kommen auch sie relativ problemlos in den Genuss des modernen dänischen Gesundheitssystems. Mit der **European Health Insurance Card (EHIC),** die in der Regel auf die Rückseite der heimischen Krankenkarte gedruckt ist, können notwendige medizinische Leistungen beim Arzt, Zahnarzt oder im Krankenhaus in Anspruch genommen werden. Da man nach dem in Dänemark gültigen Recht behandelt wird, muss der Patient die **Behandlungskosten vorstrecken.** Deshalb ist es wichtig, Rechnungen zu sammeln und diese in der Heimat bei seiner Krankenkasse einzureichen. Dasselbe gilt für Bürger aus Nicht-EU-Staaten, also auch Schweizer Staatsbürger.

Da die Abrechnungskriterien zwischen dem heimatlichen und dänischen System durchaus voneinander abweichen können, sollte zur Sicherheit eine **Auslandskrankenversicherung** abgeschlossen werden, die eventuelle Lücken abdeckt. Diese sollte eine **Reiserückholversicherung** enthalten, denn der Krankenrücktransport wird von den gesetzlichen Krankenkassen nicht übernommen. Zusätzliche Informationen liefern die jeweiligen Krankenkassen im Heimatland oder auch die Deutsche Verbindungsstelle für Krankenversicherung Ausland (www.dvka.de). Eine solche Zusatzversicherung ist in Deutschland für wenige Euro pro Jahr erhältlich.

Über Sprachbarrieren muss man sich beim Arztbesuch keine großen Gedanken machen: Vielfach wird man dort auf **englisch- oder sogar deutschsprachige Ärzte** treffen. Sollten doch sprachliche Probleme auftreten, kann man sich an die deutsche Botschaft wenden, die einem hilft, deutschsprachige Mediziner zu finden.

Die folgenden **Krankenhäuser** haben eine Notaufnahme, die 24 Stunden besetzt ist:

- 125 **Amager Hospital,** Italiensvej 1, Tel. 38628282
- 126 **Bispebjerg Hospital,** Bispebjerg Bakke 23, Tel. 38635000
- 127 [ak] **Frederiksberg Hospital,** Nordre Fasanvej 57, Tel. 38163816

Ein **zahnärztlicher Notdienst** findet sich ganz in der Nähe der Østerport Station:

- 128 [D1] **Tandlægevagten (Zahnärztlicher Notdienst),** Oslo Plads 14, Tel. 70250041 oder Notfallnummer 1813

Folgende **Apotheken** sind 18 Stunden oder sogar rund um die Uhr geöffnet:

- 129 **Sønderbro Apotek,** Amagerbrogade 158, Tel. 32580140, www.dinapoteker.dk, geöffnet: tägl. 6–24 Uhr
- 130 [dm] **Steno Apotek,** Vesterbrogade 6c, Tel. 33148266, https://stenoapotek.dk

Mit Kindern unterwegs

Nicht erst seit der PISA-Studie weiß man, dass dank einer **weitsichtigen Familienpolitik** in Dänemark (und ganz Skandinavien) offensichtlich anders und vor allem rücksichtsvoller mit Kindern umgegangen wird. Dies wird man als Gast schnell im Alltag bemerken. In jeder noch so kleinen Kommune finden sich beispielsweise eine Schule, ein Kindergarten, gut ausgebaute Sportanlagen und eine Bibliothek. Viele Unterkünfte bieten **familiengerechte Zimmer**

Mein Tipp

Spannende Metrofahrt

Wer sich einmal wie ein U-Bahn-Fahrer fühlen möchte, sollte sich an der Metrostation im vorderen Wartebereich postieren. Da die Metrozüge **vollautomatisch** von der Zentrale aus gesteuert werden, existiert erst gar keine Fahrerkabine. An deren Stelle befinden sich zwei Sitzreihen, von denen aus man die Fahrt durch den Tunnel ganz genau beobachten kann.

an. Der **Personennahverkehr** ist gut mit Kinderwagen zu bewältigen, die fast überall vorzufindenden Aufzüge tun ihr Übriges. In den Zügen gibt es ebenso **Wickelräume** wie in den zahlreichen (öffentlichen) Toiletten. Besucht man mit dem Nachwuchs **Museen** oder ähnliche Einrichtungen, so werden dort wie selbstverständlich Kinderwagen angeboten. Kindgerechte Multimedia-Einrichtungen oder Führungen eigens für Kinder sind ebenfalls keine Seltenheit. Möchte man Kultur eher ohne die Kleinen genießen, so ist dieser in der Obhut der pädagogisch geschulten Mitarbeiter der zahlreichen **„Spielzimmer“** gut aufgehoben, sogar in den Kirchen findet man spezielle Spielecken für den Nachwuchs.

Außerdem empfiehlt es sich, nach Ermäßigungen für Kinder zu fragen: **Preisnachlässe bis hin zu freiem Eintritt** werden in Museen oder bei Veranstaltungen fast in jedem Fall gewährt. Kinder unter 12 Jahren fahren etwa kostenlos Bus, Bahn und Metro. Werden Kindersitze für Mietwagen benötigt, so muss man diese rechtzeitig bei den Autoverleihern anfragen. In **Gaststätten** gibt es Kindersitze, mitgebrachte Nahrung für Kleinkinder wird dort gerne aufgewärmt.

Neben einer **Hafenrundfahrt** sind folgende Attraktionen absolut kindgerecht und können vorbehaltlos empfohlen werden:

- 28 **Amager Strand.** Innenstadtnaher, weißer Sandstrand, der für Groß und Klein geeignet ist. Strandurlaub mitten in der Metropole.
- 19 [B2] **Botanischer Garten.** Schöne Gartenanlage mit dem tropischen Palmenhaus, einem Dschungel im Miniaturformat.

Der moderne Superkilen Park 37 *ist ideal für Kinder jeden Alters*

103kn Abb.: ld

- **Der Blaue Planet** (**Den Blå Planet**, s. S. 65). Den Bewohnern der Weltmeere kann man hier ins Schlaf- und Wohnzimmer gucken.
- **Experimentarium** (s. S. 66). Ein spannendes Museum, das die Besucher zum aktiven Mitmachen animiert.

131 [A5] **Hans Christian Andersen Experience,** Rådhuspladsen 57, Tel. 33323131, www.ripleys.com/copenhagen, geöffnet: Mo.–Do. 10–18, Fr.–So. 10–19 Uhr, Eintritt: Erwachsene 206 kr, Kinder 4–11 Jahre 139 kr (Tickets inkludieren immer mind. eine weitere Attraktion aus dem Hause Ripley's). Kurzweiliges Museum um die Geschichten des berühmtesten dänischen Schriftstellers. Bilder und Displays illustrieren das Leben und die Märchen Andersens. Man kann sich die Geschichten sogar digital vorlesen lassen – auch auf Deutsch.

- **Kriegsschiffe auf Holmen** (s. S. 66). Der vormalige Stolz der dänischen Marine ist auch für friedliche Menschen von Interesse.
- **Nationalmuseum** (s. S. 64). Die bewegte dänische Geschichte mit ihren globalen Facetten der Großmachtzeit ist eher für die Älteren interessant, während die Kids sich im angeschlossenen Kindermuseum (Børnenes Museum) sehr gut unterhalten fühlen.

8 [B4] **Runder Turm.** Immer im Kreis herum geht es nach oben und kurz bevor man zum Brummkreisel wird, hat man die Aussichtsplattform erreicht und genießt den Ausblick über die Stadt.

37 [ci] **Superkilen Park.** Grünanlage im Stadtteil Nørrebro mit Sportflächen, Klettergerüsten und Picknicktischen.

1 [A6] **Tivoli.** Einer der bekanntesten Vergnügungsparks der Welt ist das Kinderparadies par excellence.

33 [dm] **Tycho Brahe Planetarium.** Sterne und Weltraum, auch für Kinder aufbereitet, sind besonders an verregneten Tagen eine interessante Alternative zum Sightseeing.

32 [am] **Zoo Kopenhagen.** Tiere aus aller Welt lassen Kinderherzen höher schlagen.

Notfälle

Die dänischen Institutionen, die man in Not- und Ausnahmefällen kontaktieren kann, sind ausgesprochen hilfsbereit, freundlich und fast immer in der Lage, einem auch sprachlich (zumeist auf Englisch, manchmal auch auf Deutsch) unter die Arme zu greifen.

Das **Fundbüro** *(hittegodskontor)* der Polizei ist montags bis freitags von 9 bis 14 Uhr unter Tel. 38748822 erreichbar.

- **Notruf (Polizei, Feuerwehr/Ambulanz):** Tel. 112 (in weniger dringenden Fällen kann man die Polizei landesweit unter Tel. 114 erreichen)

132 [em] **Københavns Politiekspedition,** Banegårdspladsen 1, in der Halle des Hauptbahnhofs, https://politi.dk/koebenhavns-politi, geöffnet: Mo.–Fr. 8–21, Sa., So. 10–17 Uhr

Wird der **Reisepass** oder **Personalausweis** im Ausland **gestohlen,** muss man den Verlust bei der örtlichen Polizei melden. Darüber hinaus sollte man sich an die nächste diplomatische Auslandsvertretung (s. S. 110) seines Landes wenden, damit man einen Ersatzausweis ausgestellt bekommt.

Kartensperrung

Bei **Verlust der Debit-/Giro-, Kredit-** oder **SIM-Karte** gibt es für Kartensperrungen eine **deutsche Zentralnummer** (unbedingt vor der Reise klären, ob die eigene Bank bzw. der jeweilige Mobilfunkanbieter diesem Notrufsystem angeschlossen ist). **Aber Achtung:** Mit der telefonischen Sperrung sind die Bezahlkarten zwar für die Bezahlung/Geldabhebung mit der PIN gesperrt, nicht jedoch für das **Lastschriftverfahren mit Unterschrift.** Man sollte daher auf jeden Fall den Verlust zusätzlich **bei der Polizei zur Anzeige bringen,** um gegebenenfalls auftretende Ansprüche zurückweisen zu können.

In **Österreich** und der **Schweiz** gibt es keine zentrale Sperrnummer, daher sollten sich Besitzer von in diesen Ländern ausgestellten Debit- oder Kreditkarten vor der Abreise bei ihrem Kreditinstitut über den zuständigen Sperrnotruf informieren.

Generell sollte man sich immer die **wichtigsten Daten** wie Kartennummer und Ausstellungsdatum **separat notieren,** da diese unter Umständen abgefragt werden.

- **Deutscher Sperrnotruf:** Tel. +49 116116 oder Tel. +49 3040504050
- **Weitere Infos:** www.kartensicherheit.de, www.sperr-notruf.de

Öffnungszeiten

Die **Kernzeiten** bei den **Geschäften** sind werktags für gewöhnlich von 10 bis 18 Uhr und am Freitag eine Stunde länger. Samstags sind die Verkaufsstätten von 10 bis 16 Uhr geöffnet und sonntags kann zumeist von 12 bis 16 Uhr eingekauft werden. **Supermärkte** und **Lebensmittelgeschäfte** haben oft erweiterte Öffnungszeiten und kleine **Eckkioske** oder **Bäckereien** dehnen sie ebenfalls von früh morgens bis spät abends aus und öffnen ebenfalls jeden Sonntag. **Öffentliche Institutionen** und **Banken** empfangen werktags von 10 bis 16 Uhr ihre Kunden. Nur am wöchentlichen Dienstleistungs-Donnerstag werden die Türen erst um 18 Uhr geschlossen.

Post

Die dänische Post gilt grundsätzlich als **sehr zuverlässig und schnell.** Die **Briefkästen** sind einfach auszumachen, da sie in einem knallroten Farbton lackiert sind. Das postalische Serviceangebot ist in Folge der Digitalisierung jedoch **stark ausgedünnt,** das klassische Postamt nicht mehr existent und die **Preise sind sehr hoch.**

Das **Porto** für Postkarten und Briefe kostet von Dänemark nach Deutschland, Österreich oder in die Schweiz 50 kr im Priority-Versand. Die Zustellung dauert dann etwa fünf Werktage.

Einer der wenigen noch vorhandenen Anlaufpunkte für Freunde der handschriftlichen Korrespondenz ist das **Posthus** im Kaufhaus Illum (s. S. 85).

Radfahren

Ohne Übertreibung behaupten die sonst sehr bescheidenen Dänen, dass ihre Hauptstadt die **radfahrerfreundlichste Großstadt der Welt** ist. Dem Zweiradverkehr wird grundsätzlich Priorität eingeräumt und der Begriff „Kopenhagenization“ hat Einzug in die Sprache der Verkehrsplaner gehalten, wenn es um globale Radkonzepte geht. Folglich sollte man sich auf jeden Fall auf eine Erkundung Kopenhagens per Rad einlassen. Aber nicht ärgern, wenn man selbst auf den breit ausgebauten Radstreifen mal im Zweiradstau steckt. Das ist nämlich aktuell das Luxusproblem Kopenhagens!

Bereits im Jahr 1995 wurde ein erstes kollektives **Radverleihsystem** in Kopenhagen implementiert. Während damals die Räder noch nach dem Einkaufswagenprinzip ausgeliehen wurden – man steckte einfach eine 10- oder 20-Kronenmünze in den Schlitz – war das letzte Verleihsystem komplett digitalisiert und lief über das Smartphone. Jedoch war das System mit modernen E-Bikes mit Hightech-Ausstattung **nicht kostendeckend** und die Betreiberfirma meldete Ende 2022 **Konkurs** an. Damit scheint die grundsätzlich nachhaltige Idee der Zweiradvermietung für einzelne Strecken in Kopenhagen leider fürs Erste gestorben zu sein. In das Experiment flossen über 100 Mio. Steuer-Kronen.

Viele **Hotels** und **Unterkünfte** bieten ihren Gästen jedoch **Leihräder** zu sehr günstigen Konditionen an, diesbezüglich kann man sich vorab oder vor Ort informieren.

Folgende, reguläre Radverleiher sorgen ebenfalls für einen zweirädrigen Untersatz:

- **133** [dn] **Baisikeli Rental – City**, Ingerslevsgade 100, Tel. 26700229, https://baisikeli.dk, geöffnet: Mo.–Fr. 10–17.30, Sa. 10–14 Uhr. So schnell lernt man Swahili: Der Name des Radverleihs stammt aus Afrika, da jährlich 1200 Fahrräder im Rahmen eines Entwicklungshilfeprojekts zum schwarzen Kontinent verschifft werden. Die Ausleihpreise beginnen bei 100 kr für den sechsstündigen Verleih eines einfachen Rades.
- **134** [C2] **Kgs Have Cykler**, Sølvgade 26, Tel. 26443030, www.kgshavecykler.dk, geöffnet: Mo.–Fr. 10–18, Sa. 10–15 Uhr. Die Werkstatt und der angeschlossene Radverleih befinden sich ganz in der Nähe von Schloss Rosenborg 18. Tagesmiete ab 150 kr (eine Woche für 500 kr), E-Bike 300 kr (Woche 1250 kr) oder ein Lastenrad, das auch zum Kindertransport geeignet ist, ab 450 kr (Woche 1500 kr).

041kn Abb.: ld

Grüne Welle für Radfahrer – aber nur dann, wenn man nicht schneller als 20 km/h fährt

•135 [D1] **Pedalatleten Østerport – Rent A Bike,** Oslo Plads 9, direkt am Bahnhof Østerport, Gleis 13, Tel. 70707513, http://rentabike.dk, geöffnet: Mo.–Fr. 8–18, Sa. 10–15 Uhr. Die Tagesmietpreise beginnen hier bei 125 kr (jeder weitere Tag 50 kr, eine Woche 425 kr), wobei höherwertige Räder entsprechend teurer sind.

•136 [B1] **Søgade Cykler,** Sølvgade 104, Tel. 33159746, https://sogadecykler.dk, geöffnet: Mo.–Fr. 8.30–17.30, Sa. 10–15 Uhr. Einfache Zweiräder ohne „Bling-Bling" werden zu sehr fairen Preisen direkt an den drei Seen 34 vermietet. Tagespreis ab 85 kr, die Woche ab 320 kr.

Sicherheit

Dänemark ist, insgesamt betrachtet, ein **ausgesprochen sicheres Reiseland.** Die Wahrscheinlichkeit, Opfer eines Verbrechens zu werden, ist minimal, wenn man sich an gewisse, in allen Großstädten gültige **Grundregeln** hält.

Das Gros aller in Dänemark begangenen Straftaten fällt unter die Rubriken „Schwere Verkehrsdelikte" (oft unter Alkoholeinfluss) und „Eigentumsdelikte". Letztere sind auch die Hauptgefahr für Touristen. Plätze und Orte, an denen sich viele Menschen tummeln, sind automatisch ein bevorzugtes Jagdrevier für **Taschendiebe,** wobei insbesondere der Kopenhagener Hauptbahnhof ein risikoreiches Pflaster darstellt. Dort sollte man besondere Vorsicht walten lassen, aber auch sonst immer aufmerksam auf seine persönlichen Habseligkeiten achten. Falls man dennoch Opfer eines Diebstahls wird, sollte man sich umgehend an die **Polizei** wenden (s. S. 118).

Sprache

Was **Fremdsprachen** angeht, sind die Kopenhagener und auch die meisten anderen Dänen eine Klasse für sich. Neben dem intensiven Fremdsprachenunterricht, der bereits in frühester Kindheit beginnt, und der Tatsache, dass Filme in Dänemark nicht synchronisiert werden, kommt auch noch das kosmopolitische Element hinzu. Kopenhagen hat weitverzweigte internationale Verbindungen und durch den Hafen kamen und kommen alljährlich viele nicht Dänisch sprechende Personen in die Metropole. Und mit denen muss man sich ja schließlich auch unterhalten bzw. mit ihnen Geschäfte machen können.

Mit **Englisch** kommt man in 90 % aller Situationen weiter, aber häufig klappt es auch auf **Deutsch,** da dies meist die zweite (oder dritte) Fremdsprache der Dänen ist. Wer nun noch einige Worte oder sogar Sätze auf **Dänisch** beisteuern kann, der wird mit größtem Wohlwollen betrachtet und sicherlich ob seiner „brillanten" Dänischkenntnisse von den Muttersprachlern hoch gelobt werden. Das Lesen dänischer Schilder oder Texte ist für deutsche Muttersprachler gar nicht so schwierig, da Deutsch und Dänisch als germanische Sprachen die gleichen Wurzeln besitzen.

Erste Gehversuche – um die Komplimente der Dänen zu „provozieren" – kann man mit der „Kleinen Sprachhilfe" im Anhang tätigen (s. S. 132). Wer sich intensiver mit dem Dänischen beschäftigen möchte, dem sei der Sprachführer **„Dänisch – Wort für Wort"** empfohlen, der in der Kauderwelsch-Reihe des Reise Know-How Verlags erschienen ist.

104kn Abb.: ©Alexander Filon, stock.adobe.com

Stadttouren

In Kopenhagen gibt es eine Vielzahl an organisierten Stadtführungen und Rundfahrten. Ob per Rad, per Bus, per Boot, per Segway oder per pedes – das sollte man sich vorher überlegen.

Mit dem Bus

Die bunten **Hop-On-Hop-Off-Busse** sind im Kopenhagener Stadtbild allgegenwärtig. Es gibt **drei unterschiedliche Fahrtrouten.** Die **Tickets,** die beim Fahrer an allen 31 Haltestellen erstanden werden können, kosten zwischen 229 kr (Classic, 24 Std. gültig) und 319 kr (Classic-, Colourful- und Urban Green-Route, 72 Std. gültig). Egal welche Route man auch wählt, am Tivoli ❶ kommen alle Busse vorbei und man kann problemlos zusteigen. Im Preis inbegriffen ist eine **Audioführung** in zwölf Sprachen.

› www.stromma.dk

Eine Alternative zum touristischen Platzhirsch Stromma sind die Angebote von **Red Sightseeing.** Auch die betreiben einen Hop-on-Hop-off-Bus (eine Rundroute, 223 kr, Ticket 24 Std. gültig). Es gibt diverse Kombi-Angebote, die die Busfahrt mit Museumsbesuchen verknüpfen.

› www.redsightseeing.com

Mit Boot & Bus

Besonders attraktiv – inhaltlich wie preislich – ist auch das Kombi-Ticket, das alle oben genannten Bus-Routen und eine Bootsrundfahrt umfasst. Für 349 kr (Kinder von 6 bis 15 Jahren zahlen die Hälfte) ist all das abgedeckt und die Gültigkeitsdauer von 48 Std. lässt einem genügend Zeit für ausgiebige Erkundungen.

› Detaillierte Infos inkl. Ablegestellen: www.stromma.dk

Allgegenwärtig: die roten Sightseeing-Doppeldeckerbusse

Zu Fuß

•137 [E6] **Christiania Rundvisning,** Christiania, Sydområdet 4, 2. Etage, Tel. 21853878, www.rundvisergruppen.dk. Wer mehr über die Hintergründe, den Alltag und den alternativen Freistaat an sich erfahren möchte, der kann hier individuelle Führungen (400 kr, bis zu 6 Pers.) buchen.

› **Copenhagen Free Walking Tours,** www.copenhagenfreewalkingtours.dk. Das Konzept kostenloser, geführter Touren – die Guides erhalten nur das mögliche Trinkgeld – hat sich in den letzten Jahren weltweit etabliert: Insgesamt werden drei unterschiedliche Führungen (Grand Tour, Christianshavn und Classical Tour) angeboten. Die Dauer variiert je nach Tour zwischen 90 (Christianshavn und Classical) und 180 Min. (Grand Tour). Treffpunkte und Uhrzeiten siehe Website.

› **Copenhagen Walking Tours,** https://copenhagen-walkingtours.dk. Hier kann man einen persönlichen Guide buchen, mit dem man auf den Spuren von H. C. Andersen wandelt oder eine Zeitreise „Vom Heringsmarkt zur Hauptstadt" absolviert. Insgesamt fünf unterschiedliche Stadtführungen auf Dänisch oder Englisch, Mindestpreis 1500 kr für bis zu 15 Teilnehmer, keine Teilnahmemöglichkeit für Einzelpersonen.

› **Gadens stemmer („Stimmen der Straße"),** Tel. 81449440, https://gadensstemmer.dk, 149kr p. P. Ehemalige Obdachlose leiten diese besondere Stadtwanderung. Statt royalem Glanz stehen hier Hinterhöfe, provisorische Nachtlager und Armenspeisungen auf dem Programm. Harter Tobak, aber eine Möglichkeit, den aus der Gesellschaft Verstoßenen eine Stimme zu geben. Teilweise sind Führungen auch auf Englisch möglich, bitte vorher informieren.

› **History Tours,** Tel. 28494435, www.historytours.dk. Der Name verrät bereits alles: Der Historiker Christian Holm Donatzky veranstaltet Spaziergänge durch die Jahrhunderte der Kopenhagener Stadtgeschichte. Von Mitte Juli bis Ende August beginnen die Führungen immer samstags um 10 Uhr am Højbro Plads [C5] (am Denkmal des Bischofs Absalon). Die 90-minütigen Spaziergänge kosten 120 kr p. P. und werden auf Englisch abgehalten. Um sicher zu gehen, dass die Führung auch wirklich stattfindet, am besten einmal kurz anrufen.

› **Running Tours Copenhagen,** https://gorunningtours.com/p/denmark/copenhagen, Tel. 20585877 (Lena). Kopenhagen auf die sportliche Art erlaufen und Gleichgesinnte kennenlernen ist die Idee hinter diesem Konzept. Stadtführung im Joggingtempo, natürlich mit kurzen Fotostopps – aber dann geht es auch schon schnell weiter. Ab 44 €, Dauer ca. 90 Min., auf Englisch.

Mit dem Fahrrad

•138 [A5] **Bike Mike Tours** ✿, Sankt Peders Stræde 47, www.bikecopenhagenwithmike.dk, Tel. 26395688. Sein richtiger Name ist Michael Sommerville, aber als Bike Mike ist er eine Kopenhagener Institution auf zwei Rädern. Nachdem er die halbe Welt per Drahtesel erkundet hat, leitet er nun Radtouren durch seine Heimatstadt, mit einem sehr persönlichen Touch! Touren auf Englisch ab 350 kr inkl. Radmiete.

› **City Bike Adventures,** Tel. 71999150, www.citybikeadventures.com. Das ganze Jahr über – im Winter jedoch nicht täglich – kann man sich hier auf das Zweiradabenteuer Kopenhagen einlassen. Einen guten Überblick ermöglicht die 90-minütige Highlight-Tour (219 kr), die an der Holbergsgade 12 [D5] startet.

› **Cycling Copenhagen** ✿, Tel. 22596629, www.cycling-copenhagen.dk. Insgesamt drei Rundfahrten (plus eine geführte Kulinariktour zu Fuß) bietet Cycling Copenhagen an. Die 10 bis 12 km langen Touren dauern ca. 2½ Std. und kosten ab 349 kr (nur April–Okt.).

Per Segway

•**139** [C5] **Segway Tours,** Nikolaj Plads 34, Tel. 22282400, http://segwaytourscopenhagen.com. Die berühmtesten Elektrozweiräder der Welt sind die Grundlage dieser Stadtrundfahrten. Die Sehenswürdigkeiten der Stadt vom Segway aus zu betrachten, kostet ab 395 kr und beinhaltet Segway, Sicherheitsausrüstung und natürlich die Führung per Guide.

MEIN TIPP

Ahoi, Herr Kapitän!

Eine besondere Erfahrung – gerade für maritime Novizen – sind die populären **GoBoats** im Kopenhagener Hafen. Die kann nämlich ein jeder mieten und als Instant-Kapitän auf eigene Faust den Hafen unsicher machen. Auf den **kleinen Bötchen,** die von **Elektromotoren** angetrieben werden, haben bis zu acht Personen Platz. Ab 549 kr beginnt der Spaß (für 60 Min., 1299 kr für 180 Min.). Im Preis inbegriffen ist eine nautische Einweisung und ein Übersichtsplan der Wasserwege Kopenhagens.

•**140** [C7] **GoBoat** ꕥ, Islands Brygge 10, Tel. 40261025, https://goboat.dk, geöffnet: tägl. 9.30 Uhr bis Sonnenuntergang

Hafenrundfahrten

Was liegt näher, als eine Hafenstadt auch einmal in Ruhe vom Wasser aus zu besichtigen? Die **offenen Boote** der Hafenrundfahrt sind dabei ausgesprochen niedrig und passen somit auch unter den **flachsten Brücken** hindurch. Innerhalb von 60 Minuten erhält man einen wunderschönen Überblick über die in der Nähe das Hafens gelegenen Viertel, sieht knapp zwei Dutzend Sehenswürdigkeiten – selbstverständlich ist auch die Kleine Meerjungfrau dabei – und erhält dabei Erklärungen, in der Hochsaison auch auf Deutsch. Die Erläuterungen werden von geschul-

043kn Abb.: ld

ten Guides live vorgetragen. Auch im Winter muss man auf dieses Erlebnis nicht verzichten, da dann nur geschlossene und beheizbare Schiffe eingesetzt werden. Nur in ganz kalten Wintern wird der Verkehr eingestellt. Die Ab- bzw. Anlegestationen befinden sich am Nyhavn (Canal Tours & Netto-Bådene) und am Ved Stranden (Canal Tours) bzw. an der Holmens Kirke (Netto-Bådene).

- •**141** [D4] **Canal Tours Copenhagen (1),** Nyhavn 3, und:
- •**142** [C5] **Canal Tours Copenhagen (2),** Ved Stranden 26, www.stromma.dk, im Sommer bis zu vier Mal pro Stunde, im Winter fünf Fahrten pro Tag (Fahrzeit 60 Min.), Fahrpreis: Erwachsene 139 kr, Kinder zwischen 6 und 15 Jahren 70 kr.
- •**143** [C5] **Netto-Bådene (1),** Holmens Kirke, www.havnerundfart.dk, Tel. 32544102, im Sommer diverse Abfahrten am Tag, im Winter viermal pro Tag durch den Hafen und die Kanäle (Fahrzeit 60 Min., hier alle Fahrten dreisprachig auf Dänisch, Englisch und Deutsch), Fahrpreis: Erwachsene 50 kr, Kinder 20 kr.
- •**144** [D4] **Netto-Bådene (2),** Nyhavn. Zweiter Anleger von Netto-Bådene.

Telefonieren

Es gibt in der EU keine Roaminggebühren mehr. Damit ist das Telefonieren und Surfen mit dem Handy im EU-Ausland so günstig wie zu Hause – es sei denn, man nutzt das Handy im Ausland über einen längeren Zeitraum hinweg, dann können je nach Anbieter Nutzungsobergrenzen gelten.

Die Hafenrundfahrten mit mehrsprachigen Erläuterungen sind jede einzelne Krone wert

Ländervorwahlen

- **Dänemark:** Tel. 0045
- **Deutschland:** Tel. 0049
- **Österreich:** Tel. 0043
- **Schweiz:** Tel. 0041

Bei nationalen Gesprächen innerhalb Dänemarks, egal ob zu Handys oder Festnetzanschlüssen, wählt man einfach die achtstellige Rufnummer **ohne weitere Vorwahlnummern** – im Königreich Dänemark gibt es solche nämlich nicht!

Unterkunft

Kopenhagen ist zwar **kein günstiges Pflaster,** trotzdem kann man bei der richtigen Hotelauswahl einige Hundert Kronen sparen, wenn man nicht im 4- oder 5-Sterne-Hotel nächtigen möchte. Viele Unterkünfte bieten auch – insbesondere in den Sommermonaten – **Spezialangebote** an wie kostenlose Zimmerupgrades oder

Buchungsportale

Neben Buchungsportalen für **Hotels** (z. B. www.booking.com, www.hrs.de oder www.trivago.de) bzw. für **Hostels** (z. B. www.hostelworld.com) gibt es auch Anbieter, bei denen man **Privatunterkünfte** buchen kann. Portale wie www.airbnb.de oder www.wimdu.de vermitteln Wohnungen, Zimmer oder auch nur einen Schlafplatz auf einer Couch. Diese oft recht günstigen Übernachtungsmöglichkeiten sind nicht unumstritten, weil manchmal normale Wohnungen gewerblich missbraucht werden. Einige Städte greifen deshalb regulierend ein.

drei Übernachtungen zum Preis von zwei. Grundsätzlich lässt sich sagen, dass die Zimmer im Norden deutlich kleiner sind, als man es aus Mittel- oder Südeuropa kennt.

Der Schwerpunkt der im Folgenden aufgeführten Hotelauswahl sind Unterkünfte, die ein **gutes Preis-Leistungs-Verhältnis** bieten und sich im **Innenstadtbereich** befinden. Die fußläufige Erreichbarkeit der Hauptattraktionen (oder zumindest eine erstklassige Anbindung an den ÖPNV) ist für die meisten Besucher schließlich das A und O einer Städtereise.

Hotels

145 [dm] **Absalon Hotel** €€, Helgolandsgade 15, 200 m vom Hauptbahnhof entfernt, www.absalon-hotel.dk, Tel. 33242211 bzw. 33314344 (Buchung). **Preiswert mitten in der City:** Wer sich an der etwas „rauen" Umgebung hinter dem Hauptbahnhof nicht stört, der wohnt hier günstig. Für die Preisklasse relativ großzügige Zimmer. Ein aufwendiges Frühstücksbüfett ist im Zimmerpreis eingeschlossen und sehr lohnenswert.

146 [A7] **Cabinn City** €, Mitchellsgade 14, Tel. 33461616, www.cabinn.com. **Perfekt für Zugreisende:** Diese Herberge der Cabinn-Kette ist sehr zentral gelegen. Für die 250 m bis zum Hauptbahnhof kann man sich das Taxigeld sparen. Einfache, kleine Zimmer, die jedoch alle ein eigenes Bad und WC aufweisen können. Kostenfreier Kaffee und Tee im Zimmer. Frühstück kann für 99 kr dazu gebucht werden.

147 **Go Hotel City** €, Lergravsvej 53, Metro: Lergravsparken, Tel. 32520030, https://go-hotel.com. **Preiswert und verkehrsgünstig gelegen:** Auch wenn sich das Hotel etwas außerhalb des Stadtzentrums befindet, so ist die Anbindung an alle Attraktionen durch die nahe gelegene Metrostation gewährleistet (ca. 500 m bis Haltstelle „Lergravsparken"). Kleine, jedoch sehr saubere Zimmer und für Kopenhagen ein erstklassiges Preis-Leistungs-Verhältnis.

148 [E5] **Hotel Bethel Sømandshjem** €€, Nyhavn 22, Metro: Kongens Nytorv, Tel. 33130370, www.hotel-bethel.dk. **Residenz in ehemaliger Seemannsunterkunft:** Näher am Touristenmagnet Nyhavn kann man nicht wohnen. Einige Zimmer des Hotels, das in einem markanten Eckgebäude aus Backstein untergebracht ist, haben sogar Blick auf den Kanal. Kaffee und Tee kostenlos.

149 [D5] **Hotel Maritime** €€, Peder Skrams Gade 19, Metro: Kongens Nytorv, Tel. 33134882, https://goaway.pt/en/hotel/hotel-maritime. **Bequeme Betten und ruhige Lage:** solides Cityhotel, das in Steinwurfweite von Nyhavn liegt. Freundliches und hilfsbereites Personal, das bei Extrawünschen gerne weiterhilft. Zimmerpreise inkl. Frühstücksbüfett.

150 [A3] **Ibsens Hotel** €€, Vendersgade 23, Metro: Nørreport, Buslinie 5C: Nørre Farimagsgade, Tel. 33131913, www.arthurhotels.dk/ibsens-hotel. **Typisch skandinavisches Stadthotel:** in der Nähe der Nørreport Station, aber sehr ruhig in einer Seitenstraße gelegen. Attraktiv sind die XL-Zimmer mit charmanter Dachschräge. Die Frühstücksoption ist relativ teuer, deshalb sollte man in Betracht ziehen, außerhalb zu frühstücken.

Preiskategorien

Die Preiskategorien beziehen sich auf eine Nacht im Doppelzimmer für zwei Personen.

€	bis 750 kr (ca. 100 €)
€€	750–1500 kr (100–200 €)
€€€	über 1500 kr (über 200 €)

044kn Abb.: mw

🏨**151** [A5] **The Square** €€-€€€, Rådhuspladsen 14, www.thesquarecopenhagen.com, Tel. 33381200. **Genau am Rathausplatz gelegen:** moderne, ein wenig in Richtung Boutiquehotel tendierende Unterkunft. Unbedingt auf der Website nach „special offers" schauen, da häufig besondere Aktionen laufen und die Zimmer dann günstiger sind. Der Frühstücksraum im 6. Stock hat einen Balkon mit Blick auf das bunte Treiben im Stadtkern.

🏨**152** [en] **Wakeup Hotel Copenhagen** €, Carsten Niebuhrs Gade 11, 700 m vom Hauptbahnhof entfernt, Tel. 44800000, www.wakeupcopenhagen.com. **Ausgezeichnetes Preis-Leistungs-Verhältnis:** Das Wakeup Hotel ist modern und funktional eingerichtet. Die Lage ist zentral, wenn auch nicht sonderlich lebendig. Eine logisch strukturierte Preisstaffelung macht das Buchen je nach Interessenlage möglich: Über die Zimmergröße und die Aussicht aus den Zimmern bestimmt man selbst.

Einige Zimmer im Danhostel Copenhagen City bieten eine atemberaubende Aussicht

Hostels und Jugendherbergen

Alle Hostels und Jugendherbergen haben auch Doppelzimmer oder kleinere Mehrbettzimmer im Angebot. Angebenen ist hier jeweils die preisgünstigste Variante im großen Schlafsaal.

153 [B7] **Danhostel Copenhagen City** €, H.C. Andersens Boulevard 50, Buslinie 5C: Otto Mønsteds Plads, oder ca. 900 m Fußweg ab Hauptbahnhof, Tel. 33118585, https://danhostelcopenhagencity.dk, Schlafplatz im 10er-Zimmer ab 149 kr. Direkt am Hafen gelegenes Hochhaus-Hostel mit über 1000 Schlafplätzen. Besonders attraktiv sind die zentrale Lage und die **tolle Aussicht aus den oberen Stockwerken.** Die integrierte „Bar 50" bietet vormittags für 95 kr ein Frühstücksbüfett und mutiert am Abend zu einer netten Bar mit sehr fairen Getränkepreisen.

154 [C4] **Generator Hostel Copenhagen** €, Adelgade 5–7, Metro: Kongens Nytorv, von dort 5 Min. zu Fuß, Tel. 78775400, https://staygenerator.com, im 8er-Zimmer ab 150 kr. Vom Flughafen aus erreicht man das zentral gelegene Generator Hostel ganz ohne umzusteigen mit der Metro in 20 Min. Die Inneneinrichtung ist **gleichzeitig funktional und schick.** Die Bettwäsche ist im Preis inbegriffen, Frühstück kostet extra.

155 [ck] **Sleep-In Heaven** €, Struenseegade 7, Metro: Nuuks Plads, Tel. 35354648, www.sleepinheaven.com, ab 130 kr im Mehrbettzimmer inkl. Bettwäsche. Hier wohnt man in einem alten **Backsteingebäude in einer ruhigen Seitenstraße...** Die Mehrbettzimmer sind teilweise etwas eng, aber die Lage im lebendigen Nørrebro, ein eigener Biergarten und die freundliche Atmosphäre gleichen das aus. Frühstück 50 kr.

156 [dm] **Urban House Copenhagen** €€, Colbjørnsensgade 5–11, 200 m vom Hauptbahnhof entfernt, Tel. 33232929, www.meininger-hotels.com. Ein modernes Hostel/Hotel, das mit seiner zentralen Lage punkten kann. Das **funktional, aber stilvoll gestaltete Haus** verfügt über 10-Bett-Schlafsäle, aber auch Einzel- und Doppelzimmer. Die gut frequentierte Bar verlockt zum Gute-Nacht-Trunk. Im 10-Bett-Zimmer ab 170 kr, Fahrradverleih ab 100 kr.

Die autonom fahrende Kopenhagener Metro garantiert kürzeste Fahrzeiten und verkehrt auch nachts

105kn Abb.: ©Alexander Filon, stock.adobe.com

Verkehrsmittel

Öffentliche Verkehrsmittel

Die Vernetzung der unterschiedlichen öffentlichen Verkehrsmittel in Kopenhagen ist ausgezeichnet. Egal ob **Bus, Metro, S-Bahn** oder die **Wasserbusse** im Hafen, alle sind ausgesprochen zuverlässig, schnell und sauber. Das Umsteigen von einem Transportmittel in das nächste ist problemlos und die **Fahrscheine gelten übergreifend** – man muss also nicht erneut lösen, wenn man das Verkehrsmittel wechselt.

Fahrscheine erhält man an den Bahnhöfen und Metrostationen an Schaltern oder an Ticketautomaten. Bezahlt wird hier in der Regel mit der **Kreditkarte** oder digitalen Varianten. Der Ticketkauf am Automaten funktioniert auch mit Bargeld, allerdings kommt man hier mit Geldscheinen nicht weiter, da ausschließlich **Münzen** angenommen werden.

Der **Fahrpreis ist nach Zonen gestaffelt.** An allen Verkaufsstellen sind deshalb farbige Netzkarten ausgehängt, auf denen man die Anzahl der zu durchfahrenden Zonen ablesen kann. Es muss **mindestens für zwei**

Zonen bezahlt werden, selbst wenn man sich nur innerhalb der gleichen Zone bewegt. Ein Einzelfahrschein für Erwachsene (ab 16 Jahren) kostet 24 kr, deckt zwei Zonen ab und reicht praktisch für alle Ziele im Stadtzentrum. Preiswerter ist die Magnetkarte **„Rejsekort Anonymt"**. Die Rejsekort kann an Automaten und Schaltern erworben werden, für den Kauf ist keine dänische Personennummer notwendig. Sie kostet 80 kr und muss zusätzlich für entsprechende Fahrten aufgeladen werden. Die Fahrkartenpreise, die von der Rejsekort abgebucht werden, variieren minimal je nach Verkehrsmittel. Grundsätzlich kostet die Metrofahrt etwa 1–2 kr mehr als der Bus. Unter www.rejseplanen.dk kann man den exakten Preis erfahren.

Wie funktioniert die Rejsekort?

Das Reisen mit der praktischen Plastikkarte ist kinderleicht und funktioniert in allen öffentlichen Verkehrsmitteln im gesamten Land. Auf Bahnsteigen, in Bussen, Metros und Zügen findet man blau illuminierte, kreisförmige **Sensoren.** Die Sensoren sind mit **„Check In"** oder **„Check Out"** gekennzeichnet. Zu Beginn der Reise hält man die Karte an einen Check-In-Sensor, dieser sendet ein akustisches Signal und auf dem Display sieht man das Guthaben, das aktuell auf der Karte vorhanden ist. Beim Aussteigen touchiert man mit der Rejsekort einen Check-Out-Sensor, es macht Beep und der Fahrpreis, der vom Guthaben subtrahiert wurde, wird angezeigt. Beim **Umsteigen** muss im neuen Verkehrsmittel erneut eingecheckt werden. Erst wenn die Fahrt final endet, hält man die Plastikkarte an den Check-Out-Sensor.

Wollen mehrere Personen über eine Karte die öffentlichen Verkehrsmittel nutzen (oder reist man zusätzlich mit Hund oder Fahrrad), muss man einen Kartenleser ansteuern, der mit dem **Schriftzug „Extra"** markiert ist. Über ein simples Tastenmenü können weitere Personen (bzw. Rad/Hund) hinzugefügt werden. Aber auch hier gilt: nicht das Auschecken am Fahrtende vergessen!

Hier einige **Preisbeispiele:**

- Einzelfahrkarte 2 Zonen: 24 kr, mit Rejsekort: 16,50 kr, 60 Min. gültig
- Einzelfahrkarte 3 Zonen: 36 kr, mit Rejsekort: 21,50 kr, 75 Min. gültig
- City Pass Small für 1–5 Tage: 90/160/220/280/340 kr (für unbegrenztes Fahren in den Zonen 1–4, ausreichend für alle Touren in der Innenstadt)
- City Pass Large für 1–5 Tage: 180/320/440/560/680 kr (für freie Fahrt in den Zonen 1–99, für Touren ins Umland)

Fahrscheine für Kinder (bis einschließlich 15 Jahre) kosten **die Hälfte**, werden jedoch bei krummen Beträgen zum nächsten 5-Kronen-Schritt aufgerundet. Pro Erwachsenem können zwei Kinder unter 12 Jahren **komplett kostenfrei** reisen. Fahren die Kids jedoch ohne Begleitung, wird auch für die unter 12 Jahren ein Kinderticket fällig.

Auch in der Nacht kommt der Großstadtverkehr nicht zum Erliegen, auch wenn die Intervalle natürlich länger werden. Die mit „N" gekennzeichneten Busse sind **Nachtbusse**, die ausschließlich im Zeitfenster zwischen 1 und 5 Uhr verkehren. Die voll automatisierten, fahrerlosen **Metros** bedienen die vorhandenen Linien ohne Pause 24 Stunden am Tag, jedoch zu späterer Stunde in größeren Zeitintervallen.

- **https://dinoffentligetransport.dk:** übersichtliche Seite, die über Verkehrsmittel, Zonen und Fahrscheine aufklärt. Auch

auf Englisch abrufbar und mit praktischer **App zum Ticketkauf** (DOT Billetter, kostenlos für Android und iOS).
- **www.rejseplanen.dk:** allgemeine, verkehrsmittelübergreifende Fahrplanauskunft für die Hauptstadt und ganz Dänemark (auch auf Deutsch)
- **www.dsb.dk:** Infos zu Bahn und S-Bahn
- **https://m.dk:** Infos zur Metro (auch auf Englisch)

Taxi

Im gesamten Innenstadtbereich ist es zu keiner Tages- oder Nachtzeit ein Problem, am Straßenrand ein Taxi **heranzuwinken** – die Anzahl ist sehr groß. Preislich muss man nachts natürlich tiefer ins Portemonnaie greifen. Einige Eckwerte für herangewunkene Taxis, per Telefon herbeigerufene haben höhere Preise:
- **Startgebühr:** 39 kr, Wochenende und 19–5 Uhr 49 kr
- **Kilometerpreis:** werktägl. 5–19 Uhr 11 kr, am Wochenende und 19–5 Uhr 14 kr
- **Wartezeit:** 6,75 kr bzw. 8 kr (nachts) pro Minute

Wer ein Taxi bestellen möchte, kann sich an die folgenden Unternehmen wenden:
- **Dantaxi,** Tel. 48484848, https://dantaxi.dk
- **Taxa 4x35,** Tel. 35353535, https://taxa.dk

Wetter und Reisezeit

Die klassische Reisezeit für Kopenhagen ist sicherlich der **Sommer.** In der Zeit von Mai bis September besuchen mit Abstand die meisten Touristen die dänische Hauptstadt. Die Temperaturen sind angenehm und das Meer vor Kopenhagen lädt dann zum Baden und Schwimmen ein. Die Tage sind lang und das strahlende Nordlicht gibt dem Besucher die Energie für sportliche Betätigung oder Besuche der vielen Freiluftareale von Cafés, Restaurants und Kneipen. Auch die Einheimischen nutzen die warme Jahreszeit und deren *fritidsaktivteter* („Freizeitaktivitäten") finden dann vornehmlich im Freien statt.

Doch auch die kalte und dunkle Jahreszeit hat in Kopenhagen ihren Reiz. In der **Vorweihnachtszeit** ist es auch überhaupt nicht dunkel, da die Innenstadt rund um die Einkaufsmeile Strøget festlich illuminiert ist. Auch im Winter hat der Besucher die Möglichkeit zu vielerlei Aktivitäten wie Shopping, Museums-, Ausstellungs- und Konzertbesuchen. Jedoch können die Küstenwinde dann ganz schön beißend sein.

Durchschnitt	Wetter in Kopenhagen											
Maximale Temperatur	2°	2°	5°	10°	16°	19°	22°	21°	18°	12°	7°	4°
Minimale Temperatur	−2°	−3°	−1°	3°	8°	11°	14°	14°	11°	7°	3°	1°
Regentage	17	13	12	13	11	13	14	14	15	16	16	17
	Jan	Febr	März	Apr	Mai	Juni	Juli	Aug	Sept	Okt	Nov	Dez

ANHANG

004kn Abb.: ld

Kleine Sprachhilfe Dänisch

Die Sprachhilfe entstammt dem Kauderwelsch-Sprachführer „Dänisch – Wort für Wort" aus dem Reise Know-How Verlag.

Aussprache

Hier sind diejenigen Buchstaben(kombinationen) aufgeführt, deren Aussprache abweichend vom Deutschen ist bzw. sein kann.

a	kurzes/langes „a" oder „ä"
å	kurzes/langes „o" wie in „doch" / „Hose"
æ	kurzes/langes „ä" wie in „Äste" / „zählen"
ø	kurzes/langes „ö" wie in „Hölle" / „hören"
y	kurzes/langes „ü" wie in „Müll" / „fühlen"
eg, ej, ig	wie „ai" in „Hai"
øj, øg	wie „oi"
øv	wie „öu" (zusammengezogen gesprochen)
eu, ev, äv	wie „äu", aber getrennt wie „Näh-Utensilien"
iv	wie „iu" (zusammengezogen gesprochen)
yv	wie „üu" (zusammengezogen gesprochen)
ov, og	„ou", wie „o" in englisch „go"; in einer unbetonten Silbe wie „o"
ag	vor Mitlaut wie „au" in „Maul"; vor Selbstlaut oder am Wortende „ä"
av	wie „au" in „Maul"
af	als Vorsilbe wie „au" in „Maul"
c	vor **e, i, y, æ, ø** stimmloses „s" in „Wasser" vor **o, u, å** wie „k" in „Kartoffel"
d	Nach **g, l, n** ist das **d** stumm. Zwischen zwei Selbstlauten oder nach einem Selbstlaut am Wortende hört es sich wie das weiche engl. „th" in „these" an.
g	zwischen Selbstlauten wie „w" nach **o, u, å** wie „j" nach **a, e, i, y, æ, ø**; vor **l** stumm
h	am Wortanfang vor **j** und **v** stumm
k, p, t	in der Silbenmitte wie **g, b, d**
r	nach Selbstlaut kaum hörbar wie in „sehr"
s	stimmlos wie „ss" in „Wasser"
v	wie „w" in „Wasser"
z	stimmloses „s" wie in „Wasser"

Die wichtigsten Richtungsangaben

til højre/venstre	till hoier/wänster	nach rechts/links
lige ud	lije uul	geradeaus
på den modsatte side	po den molsädde side	gegenüber
langt/i centrum	langt/i sentrum	weit/im Zentrum

+++ Die wichtigsten Wörter mit dem Bonus-Audiotrack des Kauderwelsch-

i nærheden	i närheden	in der Nähe
(lige) her/der	(lije) här där	(gleich) hier/dort
udenfor byen	ulenfor büün	außerhalb der Stadt
kryds/trafiklys	krüss/trafiglüüs	Kreuzung/Ampel
om hjørnet	om jörned	um die Ecke

Die wichtigsten Fragewörter

hvem?	wämm	wer?, wem?, wen?
hvad?	wäll	was?
hvordan?	wordän	wie?
hvor?	wor	wo?, wie?
hvorfra? – hvorhen?	worfra – worhän	woher? – wohin?
hvor meget/længe?	wormall/worlänge	wie viel?/wie lange?
hvorfor?	worfo	warum?
hvornår?	worno	wann?

Wochentage

mandag	männdäj	Montag
tirsdag	tiirsdäj	Dienstag
onsdag	onsdäj	Mittwoch
torsdag	torsdäj	Donnerstag
fredag	fredäj	Freitag
lørdag	löördäj	Samstag
søndag	sönndäj	Sonntag

Zahlen

0	**nul**	null	18	**atten**	äddn
1	**en**	een	19	**nitten**	niddn
2	**to**	to	20	**tyve**	tüwe
3	**tre**	tree	21	**enogtyve**	eenotüwe
4	**fire**	fier	22	**toogtyve**	tootüwe
5	**fem**	fem	23	**treogtyve**	treeotüwe
6	**seks**	sex	30	**tredive**	tralwe
7	**syv**	süu	40	**fyrre**	för
8	**otte**	ode	50	**halvtreds**	hälträs
9	**ni**	ni	60	**tres**	träs
10	**ti**	ti	70	**halvfjerds**	hälfjärs
11	**elleve**	elwe	80	**firs**	fiers
12	**tolv**	toll	90	**halvfems**	hälfäms
13	**tretten**	treddn	100	**hundrede**	hundrede
14	**fjorten**	fiordn	200	**tohundrede**	tohundrede
15	**femten**	femdn	1000	**tusind**	tusn
16	**seksten**	saisdn	2000	**totusind**	totusn
17	**sytten**	süddn	1 Mio.	**en million**	een million

Die wichtigsten Fragen

Findes der ...? finnes där	Gibt es ...?
Har du ...? haar du	Haben Sie ...?
Jeg leder efter ... jai leder efter	Ich suche ...
Jeg vil gerne have ... jai will gerne häw	Ich hätte gerne ...
Hvor kan man købe ...? wor kä man köbe	Wo kann man ... kaufen?
Hvad koster ...? wä koster	Wie viel kostet ...?
Hvor ligger / er ...? wor ligger / är	Wo liegt / ist ...?
Jeg vil til ... jai will till	Ich möchte nach ...
Hvor langt er der til ...? wor langt är där till	Wie weit ist es bis nach ...?
I hvilken retning ligger ...? i wilken rätning ligger	In welcher Richtung liegt ...?
Hvornår afgår færgen til ...? wornor augor färwen till	Wann geht die Fähre nach ...?
Findes der en toget til ...? finnes där en towet till	Gibt es einen Zug nach ...?

Die wichtigsten Floskeln

ja – nej jä – nai	ja – nein
tak – værsgod tak – wärsgo	danke – bitte
Det var så lidt! de war so litt	Keine Ursache.
God morgen! gomoorn	Guten Morgen!
Goddag! goddä	Guten Tag!
God aften! goafden	Guten Abend!
Farvel! farwell	Auf Wiedersehen!
Hvordan går det? wordän gor de	Wie geht's?
Det går. de gor	Es geht.
Tak, fint. tak fint	Danke, gut.

Udmærket. udmärked	Ausgezeichnet.
Hej! haj	Hallo!
Vi ses! wi sees	Bis bald!, Ciao!
Velbekomme! wälbekomme	Guten Appetit!
Skål! skool	Prost!
Jeg vil gerne betale. jai will gerne betäle	Ich möchte gern zahlen.
Til lykke med ... till lügge mel	Herzlichen Glückwunsch zu ...
Held og lykke! held og lügge	Viel Glück!
Undskyld! unsküld	Entschuldigung!
Det er jeg ked af! de är jai kelä	Das tut mir Leid!
Det er synd. de är sünd	Das ist schade.
Kan du hjælpe mig? kä du jälpe mai	Können Sie mir helfen?

Nichts verstanden? – Weiterlernen!

Det har jeg ikke forstået.
de har jai igge forsdoed
Das habe ich nicht verstanden.

Jeg taler kun lidt dansk.
jai täler kun litt dänsk
Ich spreche nur ein bisschen Dänisch.

Er der nogen, som taler tysk?
är der noen som täler tüsk
Spricht hier jemand Deutsch?

Vil du være så venlig at gentage?
will du wär so wännli ä gentäe
Würden Sie bitte wiederholen?

Det forstår jeg ikke.
de forstoor jai igge
Das verstehe ich nicht.

Hvad behager?
wäbehaar
Wie bitte?

Hvad for noget?
wäforno-et
Wie bitte?

En gang til!
een gang till
Noch einmal!

Register

Impressum

Lars Dörenmeier

CityTrip Kopenhagen

© Reise Know-How Verlag
Peter Rump GmbH
7., neu bearbeitete und aktualisierte Auflage 2024

ISBN 978-3-8317-3920-2

Printed in Germany

Druck und Bindung:
mediaprint solutions GmbH, Paderborn

Herausgeber: Klaus Werner
Layout: amundo media GmbH (Umschlag, Inhalt), Peter Rump (Umschlag)
Lektorat: amundo media GmbH
Karten: Ingenieurbüro K. Wendler, amundo media GmbH
Anzeigenvertrieb: KV Kommunalverlag GmbH & Co. KG, Alte Landstraße 23, 85521 Ottobrunn, Tel. 089 928096-0, info@kommunal-verlag.de
Kontakt: Reise Know-How Verlag Peter Rump GmbH, Osnabrücker Str. 79, 33649 Bielefeld, Deutschland, Tel. +49-521-946490, info@reise-know-how.de

Bildnachweis

Umschlagvorderseite: ©Sergii Figurnyi, stock.adobe.com | Umschlagrückseite: ©luisa fumi/acrogame, stock.adobe.com | Umschlagklappe rechts: ©Laur/Picasa, stock.adobe.com
Soweit ihre Namen nicht vollständig am Bild vermerkt sind, stehen die Kürzel an den Abbildungen für die folgenden Fotografen, Firmen und Einrichtungen. Lars Dörenmeier: ld | Copenhagen Media Center: cmc | Meike Wanning: mw

Liste der Karteneinträge

Hier nicht aufgeführte Nummern liegen außerhalb der abgebildeten Karten. Ihre Lage kann aber wie die aller Ortsmarken im Buch mithilfe der Web-App angezeigt werden (s. S. 143).

Kopenhagen hat seinen eigenen Roten Platz: im Superkilen Park 37

106kn Abb.: ld

Kopenhagen mit PC, Smartphone & Co.

QR-Code auf dem Umschlag scannen oder **www.reise-know-how.de/citytrip/kopenhagen24** eingeben und die **kostenlose Web-App** aufrufen (Internetverbindung zur Nutzung nötig)!

★**Anzeige der Lage und Satellitenansicht aller** beschriebenen Sehenswürdigkeiten und touristisch wichtigen Orte
★**Routenführung** vom aktuellen Standort zum gewünschten Ziel
★**Exakter Verlauf** des empfohlenen Stadtspaziergangs
★**Audiotrainer** der wichtigsten Wörter und Redewendungen
★**Updates** nach Redaktionsschluss

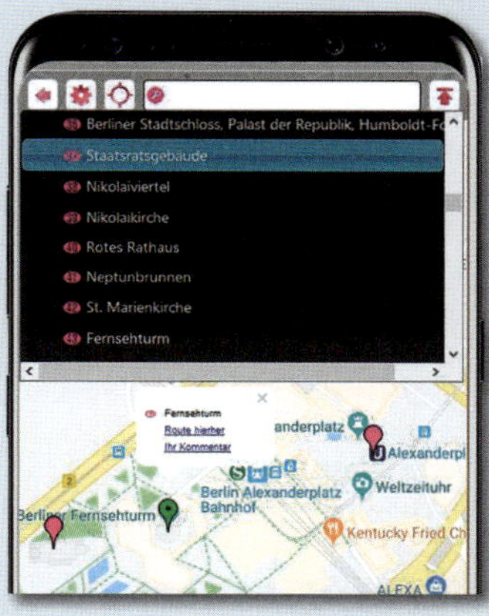

GPS-Daten zum Download

Die GPS-Daten aller Ortsmarken und des Spaziergangs stehen auf der Produktseite des Titels auf www.reise-know-how.de zum Download zur Verfügung.

Stadtplan für mobile Geräte

Um den Stadtplan auf Smartphones und Tablets nutzen zu können, empfehlen wir die App „Avenza Maps“ der Firma Avenza™. Über die Funktion „Store“ kann die „Citymap Copenhagen 2024“ kostenlos geladen werden.

Unsere App-Empfehlungen zu Kopenhagen

› **Copenhagen Card City Guide:** Wer die dänische Hauptstadt mit der Copenhagen Card (s. S. 111) erkunden möchte, findet hier alle in der Karte beinhalteten Attraktionen und Vergünstigungen. Die App funktioniert auch offline (kostenlos für Android und iOS).

› **Rejseplanen:** Die App informiert über den öffentlichen Nahverkehr für ganz Dänemark inkl. Abfahrtszeiten, Haltestellen, Routenverlauf oder sogar Restfahrzeit (kostenlos für Android und iOS).

› **CPH Airport:** Für An- oder Abreisen auf dem Luftweg ist diese App des Kopenhagener Flughafens sehr hilfreich. Flugzeitenänderungen oder die aktuell prognostizierten Wartezeiten an den Sicherheitsschleusen werden angegeben und sogar als Push-Mitteilungen an den Nutzer übersandt (kostenlos für Android und iOS).

Benutzungshinweise

Cleveres Nummernsystem

Die Sehenswürdigkeiten sind im Text und im Kartenmaterial mit derselben **magentafarbenen ovalen Nummer** 1 markiert. Alle anderen Lokalitäten wie Geschäfte, Restaurants usw. tragen ein **Symbol und eine fortlaufende rote Nummer** (1).

Bewertung der Sehenswürdigkeiten

★★★ nicht verpassen
★★ besonders sehenswert
★ wichtig für speziell interessierte Besucher

Planquadrat im Kartenmaterial

[A1] Orte ohne diese Angabe liegen außerhalb unserer Karten. Alle Ortsmarken werden in der buchbegleitenden Web-App angezeigt (s. S. 143).

Preiskategorien

Gastronomie

€	bis 150 kr (ca. 20 €)
€€	150–225 kr (ca. 20–30 €)
€€€	über 225 kr (über 30 €)

Die hier aufgeführte Preiseinteilung gilt für ein Hauptgericht ohne Getränke.

Unterkünfte

€	bis 750 kr (ca. 100 €)
€€	750–1500 kr (100–200 €)
€€€	über 1500 kr (über 200 €)

Die Preiskategorien beziehen sich auf eine Nacht im Doppelzimmer für zwei Personen.

Der Schmetterling ...

zeigt an, wo man Angebote im Bereich des nachhaltigen Tourismus findet.

Kinder-Tipps

Das Symbol kennzeichnet Sehenswertes, Unterkünfte und Aktivitäten, an denen auch kleine Urlauber ihre Freude haben.

Mein Tipp

Persönliche Empfehlungen des Autors bzw. der Autoren.

Updates zum Buch

www.reise-know-how.de/citytrip/kopenhagen24

Zeichenerklärung

Sehenswürdigkeit
Arzt, Apotheke, Krankenhaus
Bar, Bistro, Club, Treffpunkt
Kneipe, Biergarten
Café
Denkmal
Galerie
Geschäft, Kaufhaus, Markt
Fischrestaurant
Hotel, Unterkunft
Imbiss
Informationsstelle
Jugendherberge, Hostel
Kirche
Museum
Musikszene, Disco
Parken
Polizei
Restaurant
Sehenswürdigkeit
Sonstiges
Sporteinrichtung
Synagoge
Theater
Vegetarisches Restaurant
Weinlokal, Weinstube

S-tog (S-Bahn)
Metro

Stadtspaziergang (s. S. 12)

Shoppingareale
Gastro- und Nightlife-Areale